MINISTÈ KRIS LA JOUK NAN DENYE BOUT LATE

Originel publié en anglais sous le titre : *The Ministry of Christ* par Frank Breisch
Publié par Christian Schools International
3350 East Paris Ave. SE, Grand Rapids, Michigan, 49512-3054, U.S.A.

Le développement de *The Ministry of Christ* a été rendu à la possible avec des subventions de Christian Schools International Foundation et de la Canadian Christian Education Foundation, Inc.

Commander ce livre en ligne à www.trafford.com.
Ou par courriel à orders www.trafford.com

La plupart de nos titres sont aussi disponibles dans les librairies en ligne majeures.

Avis aux bibliothécaires: un dossier de catalogage pour ce livre est disponible à la Bibliothèque et Archives Canada au: www.collectionscanada.ca/amicus/index-f.html
Imprimé à Victoria, BC, Canada.

isbn: 978-1-4669-3677-5 (sc)
isbn: 978-1-4669-3676-8 (e)

Notre mission est de fournir le service d'édition le plus complet et de permettre à nos auteurs d'avoir du succès. Pour découvrir comment publier votre livre à votre façon, veillez visiter notre site web à www.trafford.com/2500

Trafford rev. 05/12/2012

 www.trafford.com

North America & international
toll-free: 1 888 232 4444 (USA & Canada)
phone: 250 383 6864 ♦ fax: 812 355 4082

LIV 3

MINISTÈ KRIS LA JOUK NAN DENYE BOUT LATE

François Breisch: Otè

Reinaldo Bourdeau: Tradiktè

Joseph Leveillé: Revizè

Marie Pierre Philippe : Revizè

Raymond Brinks: Editè

MINISTÈ KRIS LA JOUK NAN DENYE BOUT LATE

Originel liv sa a te pibliye pa The National Union of Christian Schools (men kounye a Christian Schools International) 3350 East Paris Ave. SE, Grand Rapids, Michigan, 49512-3054,U.S.A. Tes Biblik nou itilize yo se Vèsyon Bib La nou pwan yo, *Paròl Bondié an Ayisyin* de Societe Biblique Haïtienne nan Haïti.

Lèt Pastorèl

Premyeman, mwen vle remesi Bondye ki te rele'm pou mwen sevi li nan diferan fason. An dezyèm pati, mwen remesi pastè Brinks ki te envite'm pou mwen te kapab travay nan denye revizyon seri twa liv sa yo: *"MINISTE KRIS LA NAN PALESTIN"," MINISTE KRIS LA NAN JERIZALEM" E "MINISTE KRIS LA JIS NAN DENYE BOUT LATE".*

Reyelman, se yon esperyans ki san parey, nan fason otè a abode tout Nouvo Testaman an, byen semp e pwofon an menm tan. Anvan ou komanse etidye chak chapit otè a poze kèk kesyon pou entrodwi tem yo, ki pemet ou fè pwop analiz ou, apwe, li analize tem selon Lapawol Bondye a, Labib; apwe sa li poze ou kèk kesyon sou sa ou etidye a, ou kapab fè yon konparezon ak premye repons ou te bay lè ou tap komanse etidye tem nan. Finalman, kèk kesyon siplimante. Twa liv sa yo bon pou anseye paste, pwedikatè e lidè evanjelik. Apwe ou fin li twa liv sa yo ou gen yon lide jeneral sou Nouvo Testaman an konplet.

Yon bagay ki twe enpòtan, fok ou fè tout ekzesis yo otè mande pou fè yo e rechech yo tou. Si ou fè sa, san dout konesans ap grandi anpil sou tout sa ki konsenan ak Nouvo Testaman an.

Mwen envite ou etidye liv sa yo ansann ak zanmi ou, fanmi ou, manm nan legliz ou, ou pap janm regrete ou te fè sa.

Mwen swete ou yon bòn voyaj nan chache plis konesans sou Nouvo Testaman an. Twa liv sa yo ap ede anpil, anpil le ou gen pou pweche nan kennenpòt liv nan Nouvo Testaman an.

Marie Pierre Philippe
Pastè Legliz Kretyen Refome, nan Sen Domeng.

Pwolog

Diran tout tan m´fè pou tradwi e enpwime liv sa a, *Ministè Kris La*, m´te resevwa kolaborasyon anpil bon kretyen prepare, moun tout prèt pou sevi, pote antansyon sou tout not otè a e tradiktè yo tou. Spesyalman m´di tradiktè yo, paske yo te pase tout tan yo ap tradwi liv yo, pou yon rekonpans, yo fè travay sa a plis pou amou Kris la ak fwe ayisyen yo. Nou ka rakontwe nòm yo sou pag tit la. Menm lang ayisyen an **Kreyol** yo pat ko finn travay otograf li, pandan se tan, nou tap travay, se sak fè rete jis kounye a kèk pawol e otograf ki pa finn klè. Fòk nou di sa, nou pa pwofesyonel nan pwepare tèks, ni nan piblikasyon, se riske nou riske nou prepare dòkiman sa a «li prepare pou pliblikasyon» men se pou anpeche nou depanse plis lajan. Spwa nou, tout fòt lèkte yo kapab rankontre pandan yap li tou le twa liv yo, pap anpeche yo konprann byen mesaj otè vle pase ba yo a.

Tout moun ki kolabore avèk mwen yo, merite yon gwo koken chenn remesiman, moun ki te ède m'chache lajan pou fè travay sa a. Bon kè yo, te pèmet nou pibliye liv sa yo, san nou pa fè okenn dèt, yo te menm ban nou lajan pou distribisyon. Mwen vle mansyone spesyalman Larry Vredevoogd, paske se li ki te konvènk mwen, li te di mwen pwoje sa a posib. Se sak fè nou vann liv yo ba pwi konsa pou moun ki pa gen anpil lajan kapab achte yo.

Dènye liv sa a, **Ministè Kris la Jouk Nan Dènye Bout Latè**, pale nou plis sou moun romen yo, desizyon disip yo pou pwopaje levanjil toupatou. Apwe sa, li pale sou konvèsyon apòt Pòl la, epi sou gran misyon li pou preche levanjil la an Azi Mine jiska Wòm. Apwe sa, li pale nou sou tout lèt Pòl te ekri yo e travay lòt apòt yo te fè, tel ke Pye ak Jan.

Ministè Kris la panko fini. Mèn nou menm nou gen chandè la fwa nan men nou. Nou dwe pòte limye sa a toupatou bay lòt yo, fè sa ak tout kè nou.

Merci spesyalman pou Marie Pierre Philippe tradiktè ki te fè denye revizyon nan tout mesaj *Ministè Kris La*. **Raymond Brinks**

KONTENI

PATI 4 TRIYONF LEV KRIS LA

PATI 5 GWO RICHES LEV KRIS LA

Pati 1

TRANZISYON
LEV KRIS LA

CHAPIT 1

LEMONN WOM NAN

KEKSYON POU PREPARASYON

1. Kòman lanpi Women an te ede krisyanis la sikile l'?
2. Kòman kilti grèk la te ede krisyanis la sikile l'?
3. Kòman sitiyasyon relijyez la te ye nan lanpi Women an?

ENTWODIKSYON

Jezi di disip li yo ke yo te dwe sèvi l' temwen nan «Jerizalèm, nan tout peyi Jida, ak nan tout Samari, jouk nan dènye bout latè» (Travay 1:8). Kounye a se tou pa nou, pou nou etidye jan levanjil la t'ap avanse nan monn Women an, nou dwe fè yon ti kanpe yon ti moman pou nou kapab aprann monn sa a, kote levanjil la ta prale a.

1. Gouvènman Women An

Nan epòk yo te bay apòt yo Lagrann Komisyon, se Wòm ki tap gouvenen monn la. Lanpi Women nan te kontwole tout Lanmè Mediterane a, li te rive jouk nan zile Britanik yo epi yon gran pati nan tout kote yo te konnen nan monn nan lè sa a.

Wòm te fonde pandan epòk wayonm Palestin te divize a. Nou kapab di plis ou mwens, lè Jwif yo t'ap rebati lavil Jerizalèm ak tanp la, Wòm te devlope yon gouvènman rèd ki gen fòm repiblik en.

Pouvwa li te gaye rapidman epi nan tan Kris la, Wòm te deja kontwole lemonn antye. Malagre Wòm se yon repiblik li te ye, lidè politik yo te kòmanse ap itilize lame a pou ogmante pwòp pouvwa pèsonèl yo. Nan lane 27 a. K., Ogis te rive anperè Women an. Depi lè sa a nan men anperè a pouvwa a ye.

Se Itali ki te sant lanpi Women an, epi li te gen anpil pwovens tout alantou li. Nou pa dwe panse ke pwovens sa yo te tankou eta yo ki alantou Distri Federal Meksik la. Gen kèk nan eta sa yo ki te pase pou Wòm; pifò nan yo te deja konkeri. Pwovens sa yo te egziste senpleman pou pwofi Wòm menm. Se kèk moun anperè o senatè Women yo te nonmen ki te kòmande l'. Yo te dwe peye Wòm enpo, epi te gen batayon sòlda Women yo moun te ka wè la tou.

Paske monn yo te konnen nan moman sa te sou kontwòl yon sèl gouvenman, sa te fasilite vwayaj apòt yo pou sot nan yon peyi al nan yon lòt peyi. Yo pat jwenn avèk lame lenmi yo ni avèk fontyè ki te fèmen nonplis. Konsa moun nan peyi wòm yo te konstwi yon gran chenn bon wout byen laj. Trafik maritim nan te mele tout peyi yo ki te bòne lanmè Meditèrane a fè yonn. Kwak kèk fwa voyajè yo te gen pou yo fè fas ak bandi e pirat yo; jeneralman, danje sa yo te disminye akòz fòs lame Women an.

Women yo te vin trè popilè akòz sistèm legal yo a, epitou dwa Women an te gaye toupatou nan lanpi a. Alò, misyonè kretyen yo te genyen fason pa yo pou chache rekou lajistis nenpòt kote yo te ye. Moun tankou Pòl, ki te moun peyi a, yo te gen yon gran privilèj espesyal. Pòl te toujou sèvi ak bèl privilèj yo toutotan li te nesesè, li te menm rive nan yon grad, ata pou Seza li te mande lè yo te refize fè l' jistis nan Jida.

2. Kilti Grèk La

Anvan Women yo te rive kòmande lemonn, Grèk yo te deja konkeri pifò nan latè peyi Lagrès yo nan bò kote solèy leve. Chak peyi yo te konkeri, te vin change akòz gran enfliyans kilti yo. Lang Grèk la te rive yon lang komen pou tout moun; yo te konn fè dram, nan lang Grèk, tou sa yo te konn li, se te nan literati Grèk. Kwak Women yo te nan premye plas nan monn nan, men kilti Grèk la te konkeri yo tou. Menm nan kapital Wòm nan menm, se kilti Grèk la ki te envòg. Sa esplike poukisa, Pòl te bay referans sou Jwif yo, epi li te rele yo «Grèk».

Siperyorite kilti Grèk la te tèlman enpòtan nan legliz kretyèn nan. Sa fè tou lizaj inivèsèl lang Grèk la te fasilite pou preche moun nenpòt kote apòt yo t'ale. Li pèmèt ekriti Nouvo Testaman yo te gaye nan yon fòm rapid nan plizyè kote nan lemonn.

Menm kilti Grèk la te tèlman popilè, li te sèvi pou louvri yon pòt pou levanjil Kris la. Lagrès te genyen kèk gran filozòf, men okenn nan yo pat kapab bay yon repons sou pwoblèm peche a. Kilti Grèk la te malad tout kote, e li te bezwen yon medsen pou geri l'. Mesaj kretyen yo t'ap preche a te satisfè nesesite sa a, lè yo prezante Jezikri kòm Sovè pechè yo.

3. Estrikti Sosyal La.

Nou jwenn nan menm moun payen, ki pat Jwif yo, te gen diferant kalite ran sosyal: aristokrat yo, pèp òdinè, esklav yo, ak moun lib yo. Jeneralman, nou wè pifò nan aristokrat yo se te moun ki te gen anpil tè, epi se moun rich yo te ye tou. Nan sikonstans sa a, pifò nan pèp òdinè a, se pòv yo te ye. Sila yo ki te genyen yon ti moso tè, yo pat kapab fè konkirans avèk aristokrat yo ki te gen esklav ap travay nan gwo chan jaden yo. Anpil nan moun sa yo «nan pèp la» yo te pèdi tè yo te genyen an e li te rete nan men aristokrasi a, epi y'al rete lavil. Anpil fwa yo te montre yo pat kontan avèk vyolans la. Petèt sa esplike nou pou kisa li te fasil pou yo te reyini anpil moun ki te kont apòt yo.

Esklav yo se te yon klas apa. Yo te kenbe kèk nan yo pandan lagè Wòm nan; yo te vann kèk lòt kòm esklav, pou touche dèt yo. Anpil nan esklav yo te gen yon bòn edikasyon. Yonn nan pi gran filozòf yo, ki rele Epitèt, se yon esklav li ye. Yo te mete kèk nan esklav yo anlibète. Kek lòt te achte libète yo. Esklav sa yo te fòmen yon klas sosyal espesyal, yo te rekonèt yo tankou «esklav lib».

4. Lavi Relijyez La.

Pandan epòk n'ap etidye a, te gen yon gran varyete kwayans relijyez nan gouvenman Women an. Byen vit mwen pral montre nou kwayans ki te pi popile nan moman sa a.

Grèk yo te konn adore anpil dye. Women yo te asepte kwayans politeyis sa a. Malgre yo te bay bann dye Grèk yo, nouvo non. Dye Zeyis la te pase pou Jipitè, Era te pase pou Jun, e se te konsa plis ou mwens, sepandan, se te menm dye yo ak resanblans lèzòm, avèk feblès ak peche imen. Mank pwofondè nan dye yo vin konvèti nan yon relijyon san okenn baz tou, epi pou rive nan epók Kris la adorasyon dye sa yo te deja diminye.

Relijyon anpil dye yo a ansanm ak gouvènman dictatorial a te fè yonn pou devlope sèvis pou anperè a. Poutèt anperè a te gen anpil pouvwa, li te sèvi ak sa pou byen gouvènman an, epi se konsa lèzòm te kòmanse adore l'. Pandan epok Apostolik la, anperè yo yo menm pat chache fè sèvis pou yo; men antouka tandans la te grandi. E pou rive nan fen premye syèk la, zafè fè sèvis pou anperè a te konvèti nan yon pwoblèm pou kretyen yo tout bon, paske yo menm yo pat kapab adore yon *nonm* vivan. Moun payen lòt peyi yo te entèprete sa tankou yon mank patriyotis, pakonsekan yo te pèsekite kretyen yo pou sa.

Relijyon misyon Lwen Oryan yo te gen yon bòn aseptasyon nan gouvènman an paske yo te ofri kèk bagay ke ni dye ansyen yo ni sèvis yo te konn fè pou anperè a pat kapab bay. Fidèl nan relijyon sa yo te gen kontak avèk yon dye yo sipoze ki te mouri e ki te leve vivan. Nan yon seri de seremoni yo byen prepare yo kòmanse te pwomèt moun k'ap swiv li yo pap janm mouri.

Apre relijyon nou deja nonmen yo, te genyen anpil sipèstisyon nan monn wòm nan. Mas pep la yo te kwè nan maji, se sa yo te montre nan istwa nonm Majisyen yo rele Simon an (Travay 8:9-13). Kwayans yo te gen nan demon yo te gaye anpil, epi lamaji te pibliye nan anpil fason. Astwoloji a, ki di zetwal yo afekte lavi lèzòm nan, se te yon pratik nan klas moun rich yo tankou nan mas pèp la tou.

5. Filosofi Yo

Religyon yo nan Gouvenman Women nan te ofri sèlman: oswa yon rit avid, oswa yon sipèstisyon gwosyez. Sa te pote kòm rezilta, lèzòm entèlejan yo te pran te apiye yo nan plis nan filozofi ki t'ap chache bay yon esplikasyon sou linivè a epi ki tap gide lèzòm pou rive nan sa ki Byen an. Kèk nan filozòf sa yo gen anpil valè nan etid n'ap fè a.

NOSTISIS LA pwomèt delivrans la pamwayen konesans moun gen sou yon seri sekrè. Moun nostik yo kwè tout bagay materyèl pa bon. Alò, se poutèt sa, Bondye ki bon, li pa kapab kreye lemonn. Konsa lòm dwe renonse tout bagay materyèl nan monn nan si l' vle jwenn delivrans pou nanm li. E pou yo kapab fè sa, yon moun te dwe konnen sekrè Nostis yo genyen. Kèk nostik te montre pou renonse lemonn, li te nesesè pou asetik, oswa, lè yo refize satisfè nenpòt dezi ki pat endispansab. Yo te di konsa: «Pa pran sa, pa goute sa, pa manyen sa?» (Kolòs. 2:21).

EPIKIRIS LA te montre pi gran bi lavi a se pran plèzi yo. Li pat rekòmande pou satisfè tout kalite tip plezi, men li chwazi sila yo ki te fasilite yon satisfaksyon ki dire pi long. Epikiris la pat kwe nan okenn relijyon, yo te refize asepte ke lavi moun gen kek empotans pou dye yo. Yo te vinn yon gran distraksyon pou pep la, lè yo te ofri lòm sa l'ap cheche a reyèlman: plezi a.

ESTOYISIS LA se te yon filozofi sou rezon san tach. Li te refize lide ki di gen yon plas pou santiman an nan lavi a. Estoyik yo te chache pèfeksyone kontwòl pèsonèl, san yo pa entere nan santiman. Estoyisis la se te yon opinyon fatal nan lavi a; li te di ke tout bagay te deja detèmine pa gen anyen ki dwe chanje. Yon sèl yon moun ka fè, se asepte bagay yo jan yo ye a. Estoyite a te chache pouse lòm pou aktye avèk lonè; men li pat janm kapab pouse l' pou tante fè refòm yo ki ta chanje l' sinon ki an komen nan lèzòm nan.

KONKLIZYON

Alò, se konsa sa te ye, nan kote relijjyon kretyèn an te fè aparisyon l' nan. Se te yon monn ki te ini pou lalwa Womèn an ak kilti Grèg la. Se te yon monn trè relijyez, men sak pase relijyon nan dat sa a, yo pat kapab satisfè nesesite entelektyèl yo, ni moral yo, ni espirityèl lèzòm. Se te yon monn malad moralman ak anpil dezespwa e ki te bezwen yon gerizon diven. Se presizeman avèk mesaj gerizon sa a apòt yo soti nan monn Women an, epi yo te pote l' bay lèzòm pechè, delivrans Bondye bay nan Jezikri a.

KEKSYON SOU ETID LA

1. Kòman Gouvenman Women an te devlope?
2. Ki relasyon ki te genyen ant Wòm ak pwovens yo?
3. Nan ki fason Bondye te itilize gouvennman Women an kòm èd pou gaye levanjil la?
4. Kòman Gouvenman Women an te adopte kilti grèg la?
5. Kòman itilizasyon inivèsèl lang grèg la te ede legliz la?
6. Fè yon deskripsyon sou klas sosyal Gouvenman Women a
7. Fè yon deskripsyon sou relijyon yo ki te komen nan Lanpi Women an.
8. Fè yon deskripsyon kout sou filozofi payen yo ki gen plis enpòtans nan Tan Apostolik la.

POU ETID SIPLEMANTE

1. Desine yon kat gewografik sou Gouvenman Women an, mete non ak fontyè pwovens yo nan li tou.
2. Ki klas filozofi yo mansyone nan chapit sa a, ou ka jwenn nan piblisite monn modèn nan?

CHAPIT 2

KRETYEN YO TE GAYE

Li Travay 8:1-25

KEKSYON POU PREPARASYON

1. Kisa ki fè levanjil la rive gaye pi lwen pase Jida?
2. Ki efè levanjil la te fè nan Samari?
3. Ki sak te rive Simon, majisyen an?

ENTWODIKSYON

Depi nan kòmansman lèv piblik Jezi a, levanjil la t'ap preche prèske pou «mouton pèdi yo nan pèp Izrayèl la» (Matye 10:6). Menm apre Lapannkòt la, sant legliz la se lavil Jerizalèm li te ye epi se Jwif yo ki te manm nan li. Men Kris pat panse pou legliz la te rete ak gwoup Jwif sèlman. Li pat vini pou «fè fanmi Jakòb la kanpe sèlman ankò e pou ti rès yo te depòte a tounen lakay yo» (Izayi 49:6), men tou li te vini pou dènye moun sou latè ka konnen (menm bagay la). Nan Travay 8-12, Lik fè yon deskripsyon pou nou sou chanjman nan legliz la, prensipal chanjman an, sot nan Jwif yo li tonbe nan moun ki pa Jwif yo. Premyè pa nan chanjman sa a se te preche moun nan peyi Samari yo levanjil la.

1. PESEKISYON AN.

Lanmò Etyèn nan te siyale kòmansman premyè pèsekisyon legliz la te gen pou l' sipòte. Anvan sa te pase, se te avèk apòt yo chèf yo te konn fache. Men kounye a se lòt kretyen yo, yo t'ap pèsekite. Paske pèsekisyon an gen rapò ak lapide Etyèn nan, nou kapab panse kretyen Grèk yo te soufwi pi plis toujou. Anpil kretyen te oblije kouri kite lavil la, sependan apòt yo menm te rete Jerizalèm.

Sòl, nonm moun peyi Tas la, te konplètman dakò pou yo te touye Etyèn ak kout wòch la. Apre lanmò Etyèn, Sòl te vin lidè moun ki te kont legliz la. Mèt li, Gamalyèl, te bay yo konsèy pou pran pasyans, men Sòl te konsidere kretyen yo tankou yon gwoup moun danjere, li dwe detwi yo.

Sepandan pesekisyon an te bay kèk efè kontrè. Lè Sòl t'ap atake yo ak gwo kòle l', kretyen yo te oblije abandonnen Jerizalèm «yo t'ap anonse bon nouvèl la toupatou» (Travay 8:4). Efò Sòl fè pou detwi legliz la Bondye te sèvi ak yo pou fè legliz la grandi.

2. PWOKLAMASYON LEVANJIL LA NAN SAMARI

Dyak Filip te la pami moun ki te gaye yo. Li t'ale lavil Samari e la li te preche nan non Kris la. Fòk nou sonje byen sa Jan 4:9 te di nou an: «Paske Jwif yo pa gen rapò ak moun Samari». Te gen yon gwo baryè prejije Filip te gen pou l' kraze pou l' te ka pote levangil la bay moun peyi Samari yo. Men Filip sonje Jezi te ensiste disip yo dwe sèvi l' temwen nan Samari tou.

Lèv Filip t'ap mennen Samari a te gen yon siksè konplètman bon. Non sèlman li te preche levanjil la, men li te fè anpil mèvèy ak mirak tou. Filip te gen opòtinite pou chase move lespri, geri moun kokobe, paralize e bwate. Sak te bon an ankò pèp la te koute prèch li a avèk anpil swaf e yo te resevwa lajwa nan mesaj li t'ap bay la.

Te gen yon majisyen ki rele Simon, ki te rete Samari. Akòz mèvèy Simon t'ap fè ak maji l' la, li te rive gen kontwòl sou tout moun, jouk tan yo te panse, «Sa se gran pouvwa Bondye a li te gen sou» (vèsè 10). Men tou, sa Filip te fè a te kouvri prestij Simon an. Anpil nan moun yo ki te rekonèt gran pouvwa l' la anvan, kounye a yo kwè nan levanjil la pito e yo te batize. Nan yon dènye pwen, menm Simon li menm te konvenk akòz mirak Filip yo, li te kwè e li te batize. Apre Simon te fin batize, li te pase anpil tan avèk Filip, e li te sezi anpil pou l' wè gran pouvwa Filip te genyen an.

Lè legliz lavil Jerizalèm nan resevwa enfòmasyon sou travay Filip t'ap fè nan Samari, yo te voye Pyè ak Jan kote li. Apòt sa yo te dekouvri kretyen Samari yo pat ankò resevwa kado Sentespri a tankou Jwif yo te resevwa l' jou Lapannkòt la. Epi se konsa yo te poze men yo sou yo e yo te lapriyè, epi Samariten yo te resevwa kado ki te ba yo kapasite pou pale an lang e fè anpil lòt mèvèy. Travay apòt yo te fè a se te yon remak klè kretyen Jwif yo te dispoze pou asepte Samariten yo menm jan tankou yo. Ansyen miray prejije sa a te tombe anba gwo efe levanjil Jezikris la te fè sou li.

Simon te etonne pou sa l' te wè nan Filip, men li te vinn pi sezi toujou pou sa l' te wè, lè apòt yo te poze men yo sou moun yo epi vrèman Sentespri te vini an. Li sanble l' te konsidere Filip tankou yon majisyen ki gen plis pouvwa pase l'. Men kounye a li wè apòt te pi fò toujou pase Filip. Li te vle gen pouvwa pou bay Sentespri a, se pou sa li te ofri apòt yo lajan, kòm si Sentespri a se yon trik moun fè ak maji epi konsa li te ka achte l'.

Malerezman, Pyè te konprann touswit atitid Simon te genyen an se kè yon nonm ki pat ankò chanje. Se poutèt sa li te denonse l' epi li fè l' konnen li dwe repanti pou peche li. Simon reponn nan (vèsè 24) «Tanpri souple, lapriyè Bondye pou mwen, pou anyen nan sa nou di a pa rive mwen». Nou pa ka sètifye si demann sa a soti nan yon kè ki repanti o non. Tradiksyon an di nou ke Simon te tounen rive lidè moun k'ap swiv fo relijyon ki te kont apòt yo.

Apre apòt yo te fini travay yo Samari, yo te tounen Jerizalèm. Pandan yo t'ap tounen yo te fè tankou Filip te fè a, epi yo te preche levanjil la nan ti mas pèp samariten ki te genyen chak kote yo te pase. Avèk sa yo te montre tou ke travay Filip la se pat yon bagay esepsyonnèl li te ye, men se te wout pou jwenn delivrans la, avre di, li te louvri pou moun Samari yo menm jan pou Jwif yo tou.

KEKSYON SOU ETID LA

1. Kisa ki baz diferans pèsekisyon anvan lanmò Etyèn nan avè pèsekisyon apre lanmò la?
2. Ki sipriz ki te vin apre pèsekisyon an?
3. Fè yon deskripsyon ou menm sou lèv Filip la nan Samari.
4. Ki moun Simon te ye?
5. Ki efè lèv Filip la te fè sou Simon?
6. Kisa Pyè ak Jan te fè an Samari?
7. Ki jan Simon te aji konsènen sa Pyè ak Jan t'ap fè a?
8. Kisa jan Simon te aji a montre sou li menm menm?
9. Kisa predikasyon Pyè ak Jan an te vle di?

POU ETID SIPLEMANTE

1. Kilès moun Samariten yo te ye e poukisa Jwif yo pat gen bon relasyon avèk yo?
2. Gen yon mo ki soti nan non «Simon», majisyen an se «simonyen». Fè rechèch sou tèminezon sa a nan ensiklopedi, komantè etc.
3. Di konben ensiden yo rakonte nan Travay 8:12, ki fè pati nan tranzisyon legliz Jwif yo pou moun ki pa Jwif yo, epi esplike nan ki fòm chak ensidan sa yo te kopere pou chanjman sa a.
4. Ki efè pèsekisyon legliz la ta pote nan peyi nou?

CHAPIT 3

SOU KI MOUN PWOFET LA DI SA?

Li Travay 8:26-40

KEKSYON POU PREPARASYON

1. Ki kalite moun yo te voye Filip pote levanjil la bay?
2. Nan ki sans nou wè evidans men Bondye nan leson sa a?

ENTWODIKSYON

Filip te kraze baryè prejije a epi tou li te pwoklame Kris la bay Samariten yo. Men sepandan, nou wè travay li pat ankò fini. Nan yon sans endirèk, se li ki pral sèvi kòm enstriman pou levanjil la rive jwenn mounn lòt peyi yo.

1. Letyopi a

Apre Filip te fini travay li Samari, li te resevwa kòmandman divin pou te di li kisa li dwe fè. Li te fè l' konnen li te dwe vwayaje sou wout chemen ki ale nan Sidwès la, soti depi Jerizalèm pou rive Gaza. Lè l' rive nan chemen yo te di l' la, yon nonm ki t'ap voyaje nan yon cha te vin rive. Se te yon nonm ki te soti nan yonn nan ansyen tè peyi Letyopi bò kote Sid Lejip nan bout rivyè Nil la. Se yon nèg konfyans li te ye, paske li te yon gwo chèf nan peyi Letyopi. Se li menm ki te reskonsab tout richès Kadans, larenn peyi a, (Wa peyi Letyopi yo te rekonèt li tankou pitit solèy, epi tou, yo te twouve li twò konsakre pou l' travay nan lòt bagay nan lanpi a. Alò, larenn menm nan ak tit Kandas la, avrè di, se li ki t'ap kòmande reyèlman). Men sak pase, nonm sa a t'ap tounen sot Jerizalèm, kote li t' ale adore Bondye. Se pou sa nou jije li te yon moun "konveti nan Jwif", o yon «moun ki gen krent pou Bondye» yo te toujou konsidere moun sa a yo enpe mwens pase Jwif konveti yo.

Sentespri te pase Filip lòd pou l' apwoche bò kote nonm sa a. Lè l' apwoche bò kot cha a, ki t'ap mache tou dousman an, li te tande nonm nan ap li, alò se te yon koutim tout moun te genyen nan tan sa a, li a wot vwa. Nèg sa a t'ap li chapit 53 nan liv Ezayi a, kote ki pale sou lanmò sevitè Letènèl la.

2. Levanjil la.

Filip te mande nonm nan si l' te konprann sa l'ap li a. Nonm nan te konfese li pat konprann sa l' li a, epi li te mande Filip pou l' monte nan cha a pou chita kote l' pou ede l'. Filip te fè sa konsa vre, epi li pran pale, «li kòmanse avèk pasaj li t'ap li nan liv la, li fè l' konnen bòn nouvèl ki pale sou Jezi a» Travay 8:35.

Pa gen okenn anyen ki sètifye ke anvan tan Kris la, te gen kèk moun ki te konn entèprete chan yo Ezayi te ekri sou Sèvitè a, pou fè relasyon l' avèk Moun Letènèl mete apa a. Yo pale sou Li nan Sòm 2 a, e nan Danyèl 7:13:«Mwen wè yon fòm ki te sanble ak yon moun»,. Men lè Jezi te vini, li te fè konnen byen klè se li menm ki pitit lòm nan, Moun Bondye te mete apa a, e Sèvitè ki gen pou soufri a. Anvan akonplisman pasaj sa yo ki te toujou difisil pou konprann yo. Men k'ap konpli kounye a nan Jezi Nazarèt la, yo tèlman klè se tankou yon kristal yo ye. Se konsa menm Filip te preche levanjil Kris la bay nèg peyi Letyopi a tou. Lè yo te toupre yon sous dlo, Letyopi a te mande batèm e Filip li te batize l'.

3. Konsekans La

Apre Filip fin batize Letyopi a, Lespri Bondye te fè Filip disparèt. Pita Filip te rete konsa li wè l' parèt nan yon ansyen vil Filisti Ashdod yo rele Azòt. Depi la li t'ap preche levanjil la nan tout vil sou kòt la, li t'ale sou kòt nò a jouk li rive Sezare. Se tou sa nou konnen sou Filip, jouk nan fen twazyèm vwayaj misyonè Pòl la. Li t'ap viv Sezare epi li te gen kat pitit fi pwofèt.

Letyopi a te rete pou kont li a kòz etranj disparèt Filip te fè a epi li te kontinye chemen li ak «kè kontan» (Travay 8:39). San dout li te tounen nan peyi kote li te soti a. Yonn nan papa legliz la te enfòme li konvèti nan misyonè nan pwòp pèp li, paske lafwa tout bon an te nan li, sa fè li te gen anpil dezi pou pataje bòn nouvèl la avèk lòt moun. Alò, se pamwayen temwayaj Filip te bay gran chèf peyi Letyopi a, levanjil la te rive al jwenn moun ki pa Jwif yo nan nò Afrik.

KEKSYON SOU ETID LA

1. Poukisa Filip te pati kite Samari?
2. Fè yon deskripsyon sou nonm Filip te jwenn nan?
3. Kòman Filip te apwoche bò kot nonm peyi Letyopi a?
4. Ki keksyon nonm nan te poze Filip?
5. Kòman Filip te reponn?
6. Ki repons nonm peyi Letyopi a te bay sou levanjil la?
7. Kòman Filip te y'ale ak nonm peyi Letyopi a?
8. Apre li te fin di orevwa e divize, kisa ki te pase Filip ak nonm peyi Letyopi an?

POU ETID SIPLEMANTE

1. Poukisa yo te mete nan tèks orijinèl la vèsè Travay 37 nan chapit 8 la?
2. Ki leson nan temwaj pou Kris, ou kapab jwenn nan misyon Filip te genyen pou nonm peyi Letyopi a?
3. Eske legliz nou yo jounen jodia prepare pou resevwa kretyen moun peyi «Letyopi yo» (nenpòt ras)? Eske nou dwe resevwa yo? Esplike pouki.

CHAPIT 4

VESO KI TE CWAZI A

Li Travay 9:1-31

KEKSYON POU PREPARASYON

1. Ki klas moun Sòl te ye pou l' te fè lidè pami Jwif yo?
2. Kòman Sòl te konvèti?
3. Ki opozisyon Sòl te jwenn lè l' te kòmanse misyon li?
4. Ki efè repantans Sòl la te genyen sou legliz kretyènn nan?

ENTWODIKSYON

Repantans Sòl moun Tas la se te yonn nan evennman ki gen pi gwo enpòtans nan istwa legliz primitiv la. Se yonn nan pi gran demostraksyon sou gran pouvwa Bondye ak gras li tou. Gen kèk moun ki te konvèti lè yo etidye ak anpil atansyon konvèsyon Sòl la. Gen yonn nan yo ki te di ke istwa sa a, sèlman, apwouve byen klè laverite ki egziste sou relijyon krityènn nan.

1. SOL PESEKITE LEGLIZ KRIS LA

Sòl moun peyi Tas la se yon jenn gason yo admire. Li te fèt Tas, yon vil wòm nou jwenn nan Lazi Minè, yo te voye l' lavil Jerizalèm pou l'al etidye lakay yon mèt yo rele Gamayèl, ki te gran rabi Jwif la nan tan sa a. Sòl te fè yon deskripsyon sou pwòp tèt li li menm kòm «Ebre san pou san . . . pou lalwa Moyiz la se pa pale; . . . si yon moun te ka bon paske li fè sa lalwa mande, enben mwen te bon nèt ale» (Filip 3:5,6). Li rakonte nou nan Galasi 1:14, «Nan relijyon Jwif la mwen te pi fò pase anpil nan moun nan ras mwen ki te menm laj avè mwen. Mwen te pi cho pase yo pou defann koutim zansèt nou yo.

Asireman, se yon manm nan Gran Konsèy Jwif la li te ye, malgre li te jenn anpil. Panse li te trè fen, bon preparasyon entèlektyèl, epi jalouzi li te trè fò, tout bagay sa yo te fè yonn ansanm ki fè li te yon nonm ki rive vin chèf Jwif yo trè vit.

Lik siyale poukisa Sòl te oblije mele l' nan lanmò Etyèn nan. Nou ka wè Sòl te dakò, paske se li menm ki te kenbe rad moun ki t'ap lapide l' yo. Apre lanmò Etyèn, se Sòl ki te antèt moun ki t'ap pèsekite kretyen yo. Non sèlman li te arete e fèmen anpil kretyen lavil Jerizalèm nan prizon, men konsa tou li te vote anfavè penn lanmò pou kèk nan yo. (Gade Travay 26:10.) Se jalouzi li kòm etan pèsekitè legliz la, ki te kòz anpil kretyen yo te kouri kite lavil la. Men kwak tou sa toujou li pat santi l' satisfè. Li te resevwa plizyè lèt Gran chèf la ki te ba l' otorizasyon pou pèsekite moun ki te kouri pran lafwit epi li te mennen yo tounen Jerizalèm pou pini yo.

2. Sòl ak Jezi

Pou Sòl ka kontinye atake legliz la, li te vwayaje sot depi Damas ap kòmande yon gwoup moun pèsekitè, ki t'ap chache tout kretyen yo ki te pran refij nan vil sa a. Men, sak pase, depi anvan yo te rive Damas, Jezi li menm te gen tan ap chache Sòl. Nan yon kout limyè ki fè je l' vin avèg, e ki te kouvri limyè solèy la, Kris ki te monte nan syèl la, te parèt devan pèsekitè a. Ala yon gran dezesperasyon pou Sòl, lè l' tande vwa Senyè li t'ap pèsekite a, pale avè l' depi nan syèl la! Sa sanble se jou jijman an ki te rive pou li.

Men Jezi paret devan Sol pou li fe'l gras, men se pat nan jijman. Nou pa kapab konnen nan ki moman egzat Sòl te konvèti, men ant moman limyè a te parèt nan syèl la ak lè Ananyas te batize l' la nou ka di, kè Sòl te vin chanje konplètman epi li te rive tounen sèvitè moun li t'ap pèsekite yon lè a.

Jezi pat sèlman delivre Sòl anba peche li, non. Men li te rele l' pou fè l' vin apòt tou. Depi anpil tan anvan Sòl te menm panse rive vin kretyen, Jezi te siyale l' kòm yon moun ki pral pote levanjil la bay moun lòt peyi ak wa yo. Se te yon vèso chwazi li te ye. Se konvèsyon l' ki ede reyalize plan Senyè a te gen pou lavi l' la.

3. Sòl Predikatè A.

Jalouzi sa a Sòl te devlope pou pèsekite legliz la, se menm bagay la li montre tou kounye a pou edifikasyon li. Lè Sòl parèt nan sinagòg Damas yo, Jwif yo te gen tan ap tann ni pou tande gwo diskou l' yo li ta pral bay kont moun k'ap swiv Jezi yo. Ala yon gran sipriz pou yo, kounye a, tout okontrè yo te tande yon mesaj pisan ki sètifye ke Jezi se te Mesi a Bondye te pwomèt la!

Pòl rakonte nou nan liv Galasi, li te pase kèk tan nan peyi Arab. Se pat Arab nou jwenn nan kat jewografik jounen jodia, men se yon distri sou solèy leve bò vil Damas la. Nou pa konnen konbyen tan li te fè la, ni kisa l' t'ap fè. Ni nou pa kapab konnen nonplis avèk asirans kòman li te kapab ankadre l' avèk pwedikasyon li nan peyi Damas Lik pale nan liv travay apòt yo. Paske Sòl te yon etidyan ki te trè pridan, li kapab t'ale nan peyi Arab pou etidye ankò sou pwomès nan Ansyen Testaman yo ki pale sou Mesi a anvan li te kòmanse preche sou Jezi nan sinagòg yo.

Prèch Sòl la te atire atansyon moun ki gen pou vin asistan volontè l' yo nan travay pèsekisyon l' t'ap mennen an. Rankin Jwif yo te santi pou Sòl te rive tèlman tèrib ke li te oblije chape kò l' pou l' te ka sove lavi l'. Etan yo t'ap siveye nan tout pòt lavil la, disip yo te desann li avèk yon kòd nan yon panye sou deyò mi an.

Lè Sòl tounen Jerizalèm, li jwenn disip yo derefize kwè li te konvèti tout bon vre. Se Banabas, li menm ki ta pral sèvi Sòl konpayon nan premye vwayaj misyonè l' la pita, ki te kwè li epi li te mennen l' nan kominote kretyen an. Pòl te preche lavil Jerizalèm e l' te diskite avèk Jwif yo ki pale Grèg. Nèg sa yo te mande pou yo touye l' menm jan tankou yo te touye Etyèn nan, men kretyen yo te fè li disparèt kò li nan vil la. Yo te voye l' nan peyi Tas, bouk kote li te fèt la. Alò li te rete la pou yon ti tan.

Konsa nou wè konvèsyon Sòl la ta pral gen yon efè ekstrawòdinè, pi devan, sou legliz kretyèn nan. Se li ki pral pote levanjil la bay moun ki pa Jwif yo epi se li ki ta vin misyonè prensipal Jezi va itilize pou legliz la grandi. Men se konsa nou wè konvèsyon l' te genyen yon efè imedyat tou. Transfòme Sòl transfòme a, konsa tou pèsekisyon li te antèt la te rive, epi legliz la te gen yon ti trankilite pou yon ti tan.

KEKSYON SOU ETID LA

1. Ki atitid Sòl te gen anvè Kris anvan li te konvèti?
2. Pouki rezon Sòl ta pral Damas?
3. Fè yon deskripsyon pou detaye kisa ki te pase Sòl nan chemen pandan li ta pral Damas.

4. Ki kòmandman Ananyas te resevwa nan men Senyè a?
5. Fè yon deskripsyon sou jan Ananyas te aji anfas kòmandman yo?
6. Nan ki bi Sòl te konvèti? Gade pou wè liv Travay 26:16-18.
7. Kisa ki te pase lè Ananyas t'al wè Sòl?
8. Kisa Sòl te fè Damas?
9. Ki repons misyon l' te resevwa?
10. Kisa ki te rive Sòl lavil Jerizalèm?
11. Ki efè konvèsyon Sòl la te genyen sou tout legliz la an jeneral?

POU ETID SIPLEMANTE

1. Eske Bondye genyen yon travay espesyal pou chak moun li delivre? Kòman sa aji sou ou pèsonèlman?
2. Kòman li te prepare Pòl pou travay li ta pral ba li a?
3. Esplike espresyon nan liv Travay 26:14, «W'ap fè tèt ou mal lè w'ap voye pye konsa tankou yon chwal k'ap voye pye lè mèt li ap bat li».
4. Nan ki fason kwak yon moun kretyen, «ap voye pye kont mèt li»?

CHAPIT 5

TABITA, LEVE

Li Travay 9:32-43

KEKSYON POU PREPARASYON

1. Ki jan yo te toujou ap fè moun wè pisans levanjil la?
2. Ki jan travay Pyè a kontribye pou fè legliz la grandi?

ENTWODIKSYON

Konvèsyon Sòl la pral fè anpil gran efè sou legliz Jezikri a nan lane k'ap vini yo. Legliz la pat genyen okenn lide sou tou sa konvèsyon Sòl moun peyi Tas la vle di lè l' chanje Sòl ki tap pesekite legliz la kounye a fè'l tounen yon predikate. Li te gen yon gran pakou ki t'ap tann ni.

Nou ka di tou, travay legliz la pat kanpe nan kous li, ap tann lè Sòl resevwa apèl misyonè l'. Lòt apòt yo te kontinye travay yo pou Kris. Yon fwa ankò Lik fè nou wè Pyè ak travay li t'ap fè tout andeyò lavil Jide.

1. Pyè Nan Lida

Kwak apòt yo pat gen okenn obligasyon pou abandonnen lavil Jerizalèm akòz pèsekisyon ki te vini apre lanmò Etyèn nan, Pyè (san dout ak kèk lòt tou) te pati pou y'al preche levanjil la lòt kote nan peyi Jide. Pandan li t'a vwayaje nan diferan bouk nan rejyon sa a, li te rive Lida, yon ti vil ki nan plenn yo bò lamè a. Nan vil Lida te deja gen kretyen. Pyè t'ale montre plis sou levanjil la epi pou preche moun ki pa anko kwe yo.

Pandan kèk jou Pyè t'ap pase la, li te kontinye lèv gerizon Jezi te kòmanse a, epi apòt yo tou te kontinye apre Lapannkòt lavil Jerizalèm nan. Te gen yon nonm, ki te rele Ene, petèt se te yon manm legliz Lida a, li te paralize depi ouit lane pase. Pyè te òdone li nan menm

fason Jezi te konn òdone lòt paralize yo. Li te di l' leve e ranmase
kabann li. Menm pouvwa Jezi a te manifeste nan Pyè, sevitè Jezi a.
Epi touswit Ene te geri.

Pyè te geri Ene pase Ene te bezwen lasante. Levanjil Jezikri a
aji nan kò lòm tankou nan nanm li. Lè ma leve soti vivan nan lanmò
a tout fòs peche pral sòti. Alò, se jou sa a lè kò tout kretyen yo pral
vin pafèt nèt ale. Sepandan, Bondye li menm ap travay tou pandan
lavi a pou geri lèzòm kit maladi kit peche tou. Lè pèp nan zòn sa a te
wè eksplozyon pouvwa Bondye a, anpil nan yo te kwè nan laverite
levanjil la. Yo te tounen vin jwenn Bondye Senyè a epi yo te jwenn
delivrans nan li.

2. Pyè nan Jope

Te genyen yon lòt vil ki te rele Jope ki pat lwen Lida, kote ki te
genyen yon legliz kretyèn tou. Te gen yon fanm ki rele Tabita nan
li (osinon, Dòkas) akòz sa li t'ap fè, li te montre li te yon patizan
Senyè Jezikri. «Li t'ap pase tout tan li nan fè byen epi li t'ap ede pòv
yo» (vese 36). Pandan Pyè te Lida, Dòkas te malad epi l' te mouri.
Kretyen yo te ranje li pou yo antere li, men tou yo te voye chache
Pyè. Nou pa konnen pouki yo te chache Pyè. Petèt yo t'ap panse li ta
dirije sèvis finiray la. Lè Pyè te rive, yo mennen l' nan chanm kote
kò Dòkas te ye a. Vèv yo te montre l' rad li te fè pou yo; te gen anpil
moun ki t'ap kriye ak dlo nan je yo, menm jan tankou koutim finiray
Jwif yo.

Pase Pyè te fè yon vèy, li fè yo kanpe li. Epi li fè mete tout moun
deyò, epi li menm li te mete ajenou e li te lapriyè. Apre sa li te pase
Dòkas lòd pou l' leve. Sa se yon lòt fwa plis ankò yo te wè pouvwa
levanjil la. Fanm ki te mouri a te louvri je l', epi li te chita. Pyè te ba
l' men pou ede l' leve, e pou fini li te prezante l' vivan devan moun
ki t'ap kriye yo.

Nou ka di sa a se yon mirak pi gwo toujou pase lè l' te geri Ene a.
Se te yon manifestasyon pouvwa ki depase tout sa yo te kapab panse.
Se pat yon bagay ki etranj pou wè anpil moun te kwè nan Senyè Jezi
a, nan non moun Pyè te leve Dòkas vivan nan lanmò.

Lik di ke Pyè te rete viv Jope, lakay Simon, tanè a. Travay sa a te
fè konnen chanjman ki t'ap fèt nan lavi Pyè a. Jwif yo te konsidere yon

tanè tankou yon moun enpi, e poutèt sa, yo pat dwe antre nan okenn relasyon ak li. Sepandan Pyè li menm t'al viv lakay yon moun ki te yon tanè. Li te kòmanse konprann ke ansyen lwa seremoni yo te kòmnase disparèt. Bondye te kòmanse prepare kè l' pou li te kapab abandonnen lalwa seremoni yo, lè yo ta vin rele l' pou l'al lakay Kònèy.

KEKSYON SOU ETID LA

1. Nan ki kalite travay Pyè te okipe?
2. Nan ki fòm Pyè te swiv egzanp Jezi a?
3. Ki efè gerizon Ene a te fè sou pèp la?
4. Pouki yo te voye chache Pyè pou l'ale Jope?
5. Ki kalite moun Dòkas te ye?
6. Fè yon deskripsyon sou travay rezirèksyon Dòkas la.
7. Ki enpòtans sa te genyen, paske Pyè te fè desant lakay Simon, nonm tanè a?

POU ETID SIPLEMANTE

1. Fè konparezon sou leve vivan Dòkas la ak pa ti fi pitit Jayiris la (Mak 5:35-42).

CHAPIT 6

LAKAY KONEY

Li Travay 10

KEKSYON POU PREPARASYON

1. Kijan Bondye te rive fè Pyè ak Kònèy rekonèt yonn ak lòt?
2. Kisa mesaj Pyè a vle di pou Kònèy ak zanmi li yo?
3. Ki leson Pyè ak zanmi l' yo te aprann paske Bondye te bay Kònèy ak zanmi li yo Sentespri a.

ENTWODIKSYON.

Legliz kretyèn nan se te yon legliz ki te fèt konplètman avè Jwif ase, anvan tout bagay. Sepandan, Jezi te bay disip yo lòd pou y'ale toupatou nan lemonn pou preche bòn nouvèl la. Li te rele yo pou yo sèvi l' temwen jouk nan dènye bout latè. Legliz la ta pral nan direksyon sa a pazapa. Baryè tradisyon Jwif la te fòme a t'ap kraze la pezape. Sepandan, legliz la li menm pat ankò antre nan yon pwogram konplèt ki gen yon bi detèmine tankou pou pote levanjil la bay moun nan lòt peyi yo. Jezikri te chwazi Pòl pou travay sa a, men se kèk lòt moun ki te trase premye pa yo. Travay 10 di nou kòman Bondye te prepare Pyè pou travay sa a, Bondye te montre l' tout moun se menm bagay devan l' epi tou delivrans divin nan dwe preche bay tout moun.

1. Kònèy

Se te nan lavil Sezare a, ki sou bò lamè Palestin nan, kote ki te gen yon kaptenn ki te renome anpil, yo te rele Kònèy. Sa trè enpòtan pou wè nonm sa a se te yon ofisye nan fòs lame Women an, paske Jwif yo te rayi tout moun ki te gen relasyon ak militè. Kònèy li menm se te moun lòt peyi, men li pat yon payen. Li te renmen Bondye anpil, Bondye Izrayèl la. Li te konn lapriyè Bondye. Li bay prèv renmen ak travay charite ak pitye li te konn fè pèp Jwif la. Li pat yon *"pwoselit"*, sa vle di yon moun ki pat Jwif ki konvèti nan relijyon jida a. Pou byen di, se te yon nonm ki «*te gen krentif pou Bondye*», sa vle di yon moun ki pa Jwif ki t'ap lapriyè Bondye Jwif yo ak konfians.

Yon jou apre midi vè twazè, pandan Kònèy t'ap lapriyè konsa, li te fè yon vizyon, li wè yon zanj Bondye ki te vin vizite l'. Zanj la te di li ke Bondye te tande lapriyè li epi li te asepte yo, Bondye te planifye pou montre l' anpil gran mèvèy kounye a, e li dwe al chache Pyè lavil Jope, lakay Simon, tanè a.

Menm kote a zanj la te disparèt devan Kònèy la, touswit la tou, li te obeyi sa zanj la te di l' la. Li te voye de domestik li ak yon solda pou y'al chache Pyè mennen lakay lavil Sezare.

2. Pye

Landenmen, pandan moun Kònèy te voye yo t'ap apwoche lavil Jope a, Pyè li menm te monte sou do kay la pou l' pase yon ti tan trankil ap lapriyè. Lè l' te fè midi konsa, li te santi l' grangou, epi li voye mande kichòy pou l' manje. Pandan yo t'ap prepare manje a pou Pyè, li te vin pèdi konesans li. Epi konsa tou li te gade e li wè yon gwo dra blan ki te gen tout kalite bèt ki desann sot nan syèl la, bèt kat pat, bèt volay, bèt k'ap mache sou vant. Pandan Pyè t'ap gade mèvèy sa a, te gen yon vwa ki pale, touswit Pyè te rekonèt se te vwa Jezi menm, li te pale depi nan syèl la e li te ba l' lòd pou l' touye epi manje. Men Pyè te refize fè yon bagay konsa. Li pat vle aji kont lalwa Ansyen Testeman yo ki te di ki kalite bèt pou manje e kòman yo te dwe prepare yo. Vwa a pale ankò (v. 15) «Bagay Bondye di ki bon pou moun k'ap sèvi l', ou menm, pa di l' pa bon». Dyalòg sa a te repete twa fwa, tankou pou ta fè Pyè konprann enpòtans sa l' te di a. Pita dra a te monte nan syèl ankò, e Pyè te reveye.

Pyè pat kapab konprann byen kisa vizyon l' nan te vle di, e li t'ap panse l', pou chache konprann kisa Jezi te di l' la. Menm lè li t'ap medite sou tout bagay, se konsa mesye Kònèy te voye yo te rive, yo te mande pou li. Sentespri te endike Pyè li dwe ale avèk moun sa yo. Se konsa li te prese desann sot sou do kay la pou fè konesans ak yo e pou mande yo nan kisa li ka ede yo. Lè yo te di l' zafè a, Pyè te envite yo antre, e li te ba yo kote pou yo dòmi, nan landenmen maten li pati al Sezare ansanm avèk yo, li mennen sis frè legliz Jopè a avèk li tou.

3. Lakay Kònèy

Lè Pyè rive ak kanmarad li yo lakay Kònèy, yo jwenn ni t'ap tann yo. Li te sòti touswit, li te salye Pyè, li te mete l' ajenou nan pye l' e li te adore li. Men Pyè pat asepte yon tèl adorasyon konsa. Li te fè l' leve apre sa li antre lakay la avèk li. La li te rann kont Kònèy te reyini tout moun nan kay li ak anpil zanmi l' yo tou, pou tande sa Pyè te gen pou di yo a.

Touswit Pyè te kòmanse ap fè santi prejije Jwif la kont moun ki pa Jwif yo. Epi Pyè te kòmanse konprann sa ki ekri nan Efèz 2:14, ke Jezi te «kraze miray ki separe yo epi ki te fè yo yonn lenmi lòt». Li di Kònèy ak moun ki te reyini la konsa: «Nou konnen sa pa fèt Jwif pa gen dwa mele ak moun lòt nasyon ni mete pye lakay yo. Relijyon pa pèmèt sa. Men, Bondye fè m' konnen, mwen pa gen dwa gade pèsonn pou move moun ni pou moun ki pa nan kondisyon pou sèvi Bondye» (v. 28). Pyè te konprann vizyon bèt yo te gen yon aplikasyon non sèlman sou zafè manje, men anrelasyon ak moun ki pa Jwif yo tou. Pyè te mande Kònèy kòman li te fè rele li. Kònèy te rakonte li vizyon l' te fè sou zanj la, e li te di l' piblikman "men kounye a, nou tout la devan Bondye, n'ap koute tou sa Bondye ba ou lòd pou di nou" (v.33).

Pyè pran pawòl, li di: «Wi, koulye a, mwen konprann sa vre; Bondye pa gade sou figi moun. Li kontan ak tout moun nan tout nasyon ki gen krentif pou li epi ki fè sa ki dwat devan li» (10:34,35). Sa sanble l' trè natirèl, pou nou. Men pou Jwif yo ki toujou panse se yo menm sèlman Bondye te renmen, yon deklarasyon tèl se te yon bagay ki bay moun sezisman. Alò, se kounye a Pyè te rann kont vizyon l' te resevwa a, se te yon apèl pou preche levanjil la bay Kònèy ak zanmi li yo. Donk, li te rakonte yo istwa Jezi a. Li gen asirans yo te deja tande pale sou Jezi, konsa bagay li te fè yo, se pat ankachèt li t'ap fè yo, yo te konn sa nan tout Palestin nan. Li te fè moun ki t'ap koute l' yo, sonje misyon Jezi t'ap fè pita, ki te fini lè l' te mouri e li te leve vivan nan lanmò. Li te fè yo konnen tou, li menm ak patizan l' yo te temwen lè'l te leve vivan nan lanmò a, yo te wè l' ak pwòp je yo e yo te manje ak li. Donk, kounye a, se yo ki gen lòd pou mache bay temwayaj sou li, pou tout moun ki kwè nan non Kris la, ka resevwa padon pou peche yo.

Mesaj Pyè a te byen klè pou yo, pandan li t'ap pale konsa Sentespri a te vin sou Kònèy ak zanmi l' yo. Yo te kwè nan sa Pyè t'ap di yo a, yo te gen konfyans nan Kris Pyè t'ap pale yo a, yo te resevwa kado

Sentespri a nan menm jan Pyè ak lòt kretyen Jwif yo te resevwa l' jou Lapannkòt la.

Apre Lapannkòt la gen anpil lòt moun ki te resevwa Sentespri tou. Nan Samari, pa egzanp, kretyen yo te resevwa Sentespri a lè apòt yo te poze men sou yo. Men kounye a Sentespri a vini sou moun sa yo san poze men. Moun ki pat resevwa menm siy Jwif yo resevwa jou Lapannkòt la. Sa a se yon bagay ki te fè bay Pyè anpil sezisman». Epi li di moun ki te avèk li yo, «Ki moun ki ka anpeche nou batize yo nan dlo tou?». Konsa li bay lòd pou batize kit Kònèy kit zanmi l' yo.

Batèm sa a vle di yo te asepte moun lòt nasyon yo nan legliz Jezikri a. Yo te gen menm kategori ak kretyen Jwif yo. Kònèy te mande Pyè ak zanmi l' yo pou yo rete avèk yo pou yon ti tan plis pou yo ka aprann pi plis sou Senyè Jezikri. Anvan tout bagay sa yo te pase, Pyè pa ta janm rete nan kay yon moun lòt nasyon: men kounye a li te asepte envitasyon Kònèy te fè l' la. Miray ant Jwif yo ak moun lòt nasyon yo te kraze akòz levanjil Jezikri a.

KEKSYON SOU ETID LA

1. Kilès moun Kònèy te ye?
2. Esplike vizyon Kònèy la (10:3-6).
3. Ki vizyon Pyè te fè? (vv. 11-16)
4. Kòman Sentespri a te ede Pyè pou l' konprann siyifikasyon vizyon an?
5. Kòman yo te resevwa Pyè lakay Kònèy?
6. Ki bagay nouvo Pyè te konprann sou levanjil la kòm efè vizyon sa a?
7. Fè yon lis sou mesaj Pyè te fè lakay Kònèy la?
8. Rakonte tou sa ki te rive apre Pyè te fin lapriyè?

POU ETID SIPLEMANTE.

1. Kopye Mak 7:23, e souliye fraz ki ede Pyè plis pou konprann vizyon li te resevwa a.
2. Konpare vini Sentespri a jou Lapannkòt ak kado Sentespri lakay Kònèy la.
3. Kisa leson sa a montre nou sou reskonsablite nou kòm temwen Kris?

CHAPIT 7

MOUN KI PA IZRAYEL YO

Li Travay 11:1-30

KEKSYON POU PREPARASYON

1. Poukisa Pyè te dwe defann sa l' te fè Sezare a?
2. Poukisa legliz Antyòch la te gen anpil enpòtans?
3. Nan ki fòm moun te wè linyon legliz la?

ENTWODIKSYON

Repantans Kònèy nonm ki pa Jwif la, te yon gran pa nan pwogrè legliz primitif la. Dabò se pa te yon tip relijyon Jwif; se te yon bagay ki vin inivèsel. Nan leson sa a nou pral wè enpòtans konvèsyon Kònèy la. Istwa sa a te repete lè Pyè t'ap defann sa l' te fè a, devan apòt kanmarad li yo, nou ka wè li te repete sa paske li te gen gran enpòtans. Aseptasyon Kònèy tankou moun ki fè pati legliz la, te prepare chemen an pou yon evennman ki te gen plis enpòtans pase sa: etablisman yon legliz ak moun lòt nasyon nan Antyòch.

1. Defans Pyè Te Fè A

Nou ta kapab panse ke tout kretyen yo te kontan pou resevwa nouvèl Kònèy ak tout moun lakay li te konvèti. Men prejije Jwif yo kont moun ki pat Jwif yo te twò fò pou sa. Pase pou yo te rejwi, kèk kretyen Jwif te pito akize Pyè te vle kraze lalwa Moyiz la. Petèt yo te pè pou sak te ke ka pase. Yo te konnen yo pral gen anpil pèsekisyon si nouvèl la ta pibliye, ke Pyè t'ap mete lalwa Moyiz la sou kote. Se konsa, lè Pyè te rive lavil Jerizalèm, li t'ap tann akizasyon an: « . . . Apa ou antre lakay moun ki pa sikonsi, ou manje avèk yo». (Travay ll:2,3)

Pyè te oblije rakonte akizatè l' yo egzagteman sak te pase. Li te kòmanse avèk istwa vizyon l' te fè nan lavil Jope a; li te rakonte yo vizit li te fè kay Kònèy la, e li te fini ak yon deskripsyon kòman Sentespri a te vini sou moun ki pa Jwif yo tou. Toulesis nèg ki te avè Pyè nan kay Kònèy la yo te vini pou apiye sa l' t'ap di yo. Pyè te mande: «Bondye te bay moun sa yo menm kado li te ban nou an lè n' te mete konfyans nou nan Senyè Jezikri. Kisa m' te ye menm pou m' te fè tèt ak Bondye?» (Travay ll:l7). Moun ki te koute li yo te apwouve kondwit li. Pase pou yo te diskite, yo te prefere fè yonn avek li pou bay Bondye glwa paske li bay moun ki pa Jwif yo lavi ki pap janm fini an tou.

2. Antyòch

Nou jwenn kèk pawòl ki te deja esplike nan chapit 8:4 la ki repete ankò nan chapit 11:19, «. . . disip yo te gaye». Nan sans sa a Lik te di nou evanjelizasyon nan Antyòch la se yonn nan lòt efè pèsekisyon ki te kontinye apre yo te lapide Etyèn nan. Gaye kretyen yo sa a te fè levanjil la rive non sèlman nan Jida ak Samari, men nan peyi moun ki pa kretyen yo tou.

Se yon koutim disip ki gaye yo te gen pou preche levanjil la bay Jwif yo. Tou dabò, yo te gen pami yo kèk farizyen oswa kèk moun ki gen «krentif pou Bondye». Men nan Antyòch kèk disip te sèvi ak yon seksyon nouvo. Si levanjil la se te pouvwa Bondye pou delivrans Jwif yo, poukisa li pa kapab pou moun ki pa Jwif yo tou? Alò, se poutèt sa yo te preche tout enpi Antyòch yo nan non Senyè Jezi. Ala yon gran sipriz sa te ye! Travay ll:21 di: «Pouvwa Bondye te avè yo, anpil moun Lagrès yo rive kwè, yo te tounen vin jwenn Bondye. Mesaj levangil la te satisfè dezi ak grangou nan fon kè moun ki pat konnen Bondye yo.

Nouvèl sa a te rive lavil Jerizalèm, epi apòt yo te mete tèt yo ansanm pou voye yon moun al chache konnen sak t'ap pase Antyòch. Nan bon pwovidans Bondye a, yo te chwazi jisteman nonm ki gen plis kapasite a pou fè sa, Banabas, non sa a vle di, («Pitit konsolasyon an»), li te fè tou sa ki bon an gran jan avèk tit sa a. Li te rejwi nan defans kòz Kris la, epi li te egzòte nouvo disip yo pou yo rete fidèl nan Senyè a.

Travay Antyòch la te gen anpil pwosperite. Yo te kwè pi plis pase moun ki pat Jwif yo. Banabas te rann kont li te bezwen èd. Li te sonje Pòl, ansyen pèsekitè ki te konvèti a, epi li menm pèsonèlman li t'ale Tas, pou chache li mennen l' Antyòch. Pandan tout yon long lane yo te travay ansanm, ap dirije nouvèl jenn legliz la e preche levanjil Kris la. Pandan tan sa a disip Antyòch yo te bay gwoup kretyen yo yon sounon. Kounye a tout moun ki te kwayan yo vin rekonèt yo avèk non «kretyen», pèp Kris la. Yo pat ka janm twouve yon ki pi bon pase sa, menm konye a, apre anpil syèk tout moun k'ap swiv Kris yo, ak anpil kè kontan yo rekonèt yo pou non sa a «kretyen».

3. Ed Pou Jerizalèm

Pandan Banabas ak Pòl t'ap travay Antyòch, yo te resevwa èd kèk pwofèt ki te sòti lavil Jerizalèm. Se Bondye ki te mete sa nan kè nèg sa yo, epi li te revele volonte l' bay kretyen yo. Nou sonje kretyen primitiv yo pat gen Nouvo Testaman an, yo te bezwen yon gid espesyal ki te soti nan Bondye menm. Te gen yon pwofèt yo te rele Agabis, ki te di davans, pral gen yon gwo grangou sou tout latè. Grangou sa a te rive pandan wa Klòd t'ap kòmande, e plizyè istoryen nan epòk sa a te mansyone l'.

Lè legliz Antyòch la te tande kalamite sa a k'ap vini an, li te planifye imedyatman pou voye kèk èd bay kretyen yo k'ap viv nan peyi Jide. Pouki yo te fè sa? An premyèman, nan legliz lavil Jerizalèm nan te gen anpil moun pòv, e grangou te pi rèd pou yo. An dezyèman, lidè Jwif yo t'ap pèsekite kretyen nan peyi Jide yo anpil. Twazyèman, kado sa moun nan peyi Antyòch la ki pat Jwif yo te fè kretyen lavil Jerizalèm yo, se te yon demonstrasyon renmen ak linyon: levanjil la te kraze miray prejije a. Katriyèman, kado sa a se te yon manifestasyon materyèl, gratitid pou kado espirityèl Antyòch te resevwa nan menm moun lavil Jerizalèm nan.

KEKSYON SOU ETID LA

1. Ki akizasyon Pyè te kontre lè l' te retounen lavil Jerizalèm?
2. Kòman Pyè te defann lèv li a?
3. Ki efè defans Pyè a te kòz?
4. Ki bagay nouvo ki te gen nan temwayaj disip Antyòch yo?
5. Pouki rezon yo te voye Banabas nan peyi Antyòch?
6. Kisa ki te mennen Sòl nan peyi Antyòch.
7. Ki amenas legliz Jide a te gen anfas li?

8. Poukisa legliz Antyòch la te ede legliz lavil Jerizalèm nan?
9. Ki gran siyifikasyon istwa yo rakonte nou sou evennman yo nan chapit sa?

POU ETID SIPLEMANTE

1. Pouki Banabas te deside se Sòl ki te ka ede li nan peyi Antyòch?
2. Repase chapit 1, «Monn Wòm Nan», e sèvi ak sa tankou yon oryantasyon. Esplike pouki rezon moun ki pa Jwif nan peyi Antyòch yo te resevwa levanjil avèk anpil gou.
3. Mensyone kèk nan fòm yo sèvi ak non «kretyen» an jounen jodia.

CHAPIT 8

DELIVRE ANBA MEN EWÒD

Li Travay 12:1-24

KEKSYON POU PREPARASYON

1. Pouki sa Ewòd te kòmanse pèsekite apòt yo?
2. Nan ki fason Pyè sove nan prizon an?
3. Kòman pinisyon Ewòd la te ye?

ENTWODIKSYON

Depi nan chapit 8 la jouk rive nan chapit 12 la sa a se yo ki dezyèm nan twa pati yo, liv Travay yo divize a. Li pale sou fason jan levanjil la t'ap etann nan Jida ak Samari. Yo prezante tan tranzisyon an pou soti nan yon legliz kretyèn moun Jwif pou al tonbe nan yon legliz kretyèn moun ki pa Jwif yo. Epi, nou deja wè kòman levanjil la kòmanse nan moun Samari yo, yon chèf Etyopi, yon kaptenn Women epi ak yon moun ki pa Jwif ki soti nan Antyòch. Lè ou fèk gade leson sa a petèt li kapab sanble li pa kowopere ak anyen nan chanjman sa a, men an reyalite nou ka di, wi sa fèt vre. Kwak isit la li pa rakonte okenn gran estansyon levanjil la, sepandan nou wè kòman relasyon ki te fè kretyen Jwif yo fè yonn ak ansyen relijyon Jwif la vin febli.

1. Pèsekisyon An

Pesekisyon moun ki te kòmanse nan mati Etyèn nan e fini ak konvèsyon Sòl la, gen yon tan lapè ki te vin apre l'. Men nan lane 44 D.K. (apre) Kris, Ewòd Agripa I, ki te wa sou tout latè Palestin nan, te kòmanse yon lòt pèsekisyon kont kretyen yo ankò. Dezyèm pèsekisyon sa a te diferan ak premyè a. Nan premyè a, kretyen grèk yo te gen tan pou kouri pou chape tèt yo, apòt yo te gen opòtinite pou yo rete lavil Jerizalèm. Men kounye a pèsekisyon Ewòd kòmanse a, se apòt yo li vle blanchi anvan. Ewòd te kenbe Jak, pitit Zebede a li te fè touye l' ak nepe. "Lè l' wè sa te fè Jwif yo plezi, li te fè arete Pyè tou" (12:3).

Poukisa egzekisyon sa a te fè kè Jwif yo kontan? Anvan sa, nou wè nan tan lontan pèp Jwif la te respekte kretyen yo anpil. Epoutan, pandan tan an vin ap pase, moun yo kòmanse bliye mirak ki te konn fèt nan premye jou sa yo apre Lapannkòt la. Apre yo vin rive konnen nouvèl la ki sètifye Pyè reyèlman te manje avèk moun ki pa Jwif yo, Jwif yo yo menm te leve kont kretyen yo chak fwa pi plis.

Yo te fèmen Pyè nan prizon, anba fòs siveyans solda Women yo. Pandan lannwit la, yo te sipoze, ki va dènye nwit l'ap viv, gen yon moun ki te rele e touche Pyè pou reveye l'. Konsa lè l' gade li wè se yon zanj ki te bò kote l' la. Pyè te swiv tout kòmandman l' yo, li pase ak zanj la nan twou pòt anfè yo jouk yo sòti nan lari. Pyè santi tou sa se te yon rèv, men pita lè zanj la te disparèt, li te rann kont li te lib tout bon vre. Li te parèt nan kay kote kretyen yo t'ap lapriyè a pou li a, pou l' fè yo konnen ke Bondye te reponn lapriyè yo. Pita li te sòti nan vil la l'al chèche yon kote ki pi asire pou l' rete. Li enteresan pou wè nan tan sa a, lè disip yo te lage nan prizon, Bondye te konn di yo pou y'ale preche nan tanp lan ankò (Travay 5). Yo te fè sa. Pyè kounye a pat mete lavi li andanje san nesesite. Li pat rete lavil Jerizalèm. Kom Bondye pat di li anyen, Pyè te sèvi ak bon sans li, epi li soti nan vil la.

2. Ewòd

Lè Ewòd dekouvri Pyè te sove, li te chaje tout kòlè li kont gad yo. San dout wa a te panse te gen kèk koperasyon andedan an ki te ède Pyè sove. Yo te mennen gad la pou y'al pini, san dout ak menm penn pinisyon Ewòd te pare pou Pyè a.

Lik rakonte nou sou lanmò Ewòd. Wa sa a pat sèlman leve men l' kont legliz Bondye a, men li te blasfème l' tou. Kèk anbasadè Tir ak Sidon te adore li tankou yon bondye, paske yo te vle li fè yo favè. Ewòd te asepte aklamsyon sa a san l' pa fè anyen pou refize l'. Menm lè a Bondye te pini l' epi Ewòd te mouri apre yo ti tan.

Gen yon istoryen Jwif yo rele Jozèf, ki konfime nan ki sans Ewòd te mouri a, e l' bay plis detay pase Lik, men antouka, li rakonte menm bagay. Lik te ajoute yon bagay plis Jozèf pat di. Lik siyale korèkteman lanmò Ewòd la se te yon pinisyon divin poutèt li pat gen pitye. Lè yo mete istwa sa a sou kote libète Pyè nan prizon an, nou wè klèman kòman Bondye te sove pèp li a e kòman li te pini lenmi li yo tou.

KEKSYON SOU ETID LA

1. Di kòman evennman yo nan leson sa a te kowopere nan chanjman yon relijyon kretyèn moun ki pa Jwif yo.
2. Kòman Ewòd te pèsekite legliz la?
3. Ki diferans ki genyen ant pèsekisyon Ewòd la, ak pèsekisyon anvan an?
4. Ki jan legliz Jerizalèm nan te aji anfas anprizonnman Pyè a?
5. Rakonte avèk pwòp pawòl pa ou, kòman Pyè te fè delivre nan prizon an?
6. Ki sak te pase lè Pyè te rive lakay Mari?
7. Kisa Ewòd te fè lè l' konnen Pyè te sove?
8. Kòman Ewòd te mouri?
9. Ki entansyon Lik genyen lè l' rakonte lanmò Ewòd?

POU ETID SIPLAMANTE

1. Ki leson ki gen pou nou nan liv Travay yo kote nou jwenn Jak te mouri epi Pyè li menm te sove?
2. Kilès moun Ewòd Agripa I te ye?
3. Ki relasyon familye li te genyen avèk lòt Ewòd yo? epi,
4. Kòman li te rive nan gouvènman l' nan?

PATI 2

PWOLONJMAN
MISYON KRIS LA

CHAPIT 9
METE BANABAS AK SOL APA POU MWEN

Li Travay 12:25-13:12

KEKSYON POU PREPARASYON

1. Ki siyfikasyon dènye pati nan liv Travay yo gen?
2. Kòman travay misyonè pami moun lòt nasyon ki pa Jwif yo te kòmanse?
3. Nan ki fòm pisans Sentespri a te manifeste?

ENTWODIKSYON

Avèk leson sa a nou antre nan etid dezyèm seksyon liv Travay yo, selon divizyon Lik fè a li menm li te ban nou nan Travay 1:8 la.

Tou dabò, nou deja wè kòman levanjil la etann kò l' premyèman nan lavil Jerizalèm e apre nan Jide ak Samari. Kounye a Lik prezante jan levanjil la ap gaye jouk nan dènye bout latè a.

1. Retou Sot Depi Jerizalen

Legliz Antyòch la te chwazi Banabas ak Sòl pou pote lavil Jerizalèm lajan yo te sanble pou ede yo nan tan grangou sa a. Moun sa yo te dwe remèt ansyen yo lajan an. Se te lane 46 d.K. (apre Kris), kèk lane pase apre Pyè te delivre nan prizon an epi apre lanmò Ewòd la. Nan lane sa a legliz Antyòch la te fè kolèt ofrann lajan sa a pou l' bay kretyen yo nan lavil Jerizalèm èd nesesè.

Selon sa nou li nan liv Travay 11:30, nou dekouvri yon chanjman ki te fèt nan legliz la. Okòmansman, se apòt yo ki te sèvi sèl kòm inik ofisye legliz la. Pita, yo te chwazi dyak yo pou anchaje travay charite pami vèv yo. Kounye a nan pasaj sa a nou li sou ansyen yo, yo menm ki parèt ap gouvènen legliz la. Gouvènman legliz la t'ap devlope selon bezwen ki te prezante nan kantite nimewo kretyen yo te ogmante. Nan tan sa a legliz Jerizalèm nan te deja separe konplètman ak sinagòg Jwif yo.

Apre Banabas ak Sòl te tounen Antyòch, yo te konpli misyon yo. Yo te mennen avèk yo Jan Mak, neve Banabas la. Manman Jan Mak se te yon kretyen ki te gen anpil tan nan levanjil, paske se te lakay li kote disip yo te reyini pou lapriyè lè Pyè te delivre nan prizon an. Se Jan Mak posibleman ki jenn gason ki te mansyone nan Mak 14:51-52, moun ki te kouri chape poul li nan nwit, e ki te kite dra l' la nan men moun ki te vin arete Jezi a. Gen moun ki sipoze ankò—san yo pa gen okenn prèv—ke chanm wòt la, kote Jezi te bay Sent Senn nan, se nan menm lakay manman Mak la li te fè sa.

2. Sentespri Te Rele Yo

Distans pou rive nan dat sa yo legliz «Antyòch» la te genyen plizyè "pwofèt" ak "mèt". Moun sa yo te travay ansanm nan legliz la, nan sèvis pawòl Bondye a. Nou kwè, depi yo fè jèn nan, oswa, yo te mete limite nan manje ak bwason pou yo kapab konsankre yo nan bagay pa Bondye, se poutèt sa nou kwè moun sa yo te dedye tout tan yo nan ministè sa a. Donk, pandan yo t'ap fè jèn ak sèvis, Sentespri a te di yo, «Mete Banabas ak Sòl apa pou mwen, pou yo fè sa mwen chwazi pou yo fè a» (13:2). Petèt se avè yonn nan «pwofèt» yo Sentespri te pale a, epi li te bay lòt yo mesaj la.

Apèl espesyal sa a pou Banabas ak Sòl la se te yon motif pou yo te jene e lapriyè pi plis toujou. Apre sa pwofèt yo ak mèt yo te poze men sou yo toulede ki t'ap sòti nan mitan yo, epi se konsa tou, yo te fè konnen ke legliz Antyòch la te voye Banabas ak Sòl kòm reprezantan pa yo. Kwak legliz la te voye yo, men se Sentespri li menm ki te chwazi yo e ki te rele yo. Generalman, Sentespri a sèvi ak legliz Kris la pou fè travay la.

3. Nouvo Travay La

Banabas ak Sòl te konnen egzakteman kisa yo gen pou yo fè. Menm Lespri ki te rele yo a, se li ki te gide yo nan chemen yo. Se yo ki t'ap prale premye nan peyi Selesi, nan pò Antyòch la, kote yo te pran yon batiman pou y'ale nan zile Chip la, nan peyi natif natal Banabas.

Levanjil la pat enkoni nan zile Chip la. Menm dispèsyon disip yo ki te pote levanjil la nan peyi Antyòch la, se li menm ki te fè l' rive nan Chip tou (11:19). Anfèt, disip yo ki te preche an premye moun ki pat Jwif yo nan Antyòch, se te moun Chip ak Sirèn yo te ye (v. 20). Sepandan, pou byen asire yo te gen anpil travay ki te rete pou fèt nan zile sa toujou. Banabas ak Sòl te preche levanjil la la, depi nan yon pwent jouk nan lòt pwent zile a.

Nan kòmansman misyon yo, Banabas ak Sòl, yo te swiv plan Pòl esplike pita kote li pale nan Wòm 1:16: «Pou Jwif yo premyèman». Epi se konsa yo t'ale nan sinagòg Salamin nan, e yo te preche Jwif ki te la ap adore Bondye. Kwak pa gen anyen ki di kisa yo te preche a, men asireman mesaj yo a se te menm sa yo jwenn nan lòt chapit Travay yo. Yo te rakonte istwa Jezi a, espesyalman, yo te bay enpòtans sou lanmò ak leve Jezi vivan nan lanmò a, e yo te montre tou sa yo se te akonplisman Ansyen Testaman an. Jan Mak t'ale avèk yo kòm èd e nou imajine li te dwe sèvi kòm yon gwo itilite pou yo. Dabò, li te deja rete lavil Jerizalèm, presizeman nan moman yo te kloure Jezi e li te leve vivan nan lanmò a, Mak te gen kapasite pou ba yo anpil detay sou Jezi selon pwòp esperyans li te fè.

4. Elimas Majisyen An

Lè yo t'ap janbe zile a depi bò solèy leve jiska solèy kouche a, gwoup misyonè sa a te rive nan lavil Pafòs. Nan vil sa a te gen yon konsil Women ki te rete ladan l'. Non l' se te Sèjiyis Polis. Nonm sa te rele Banabas ak Sòl, paske li te vle tande y'ap preche. Li te rete trè enpresyone avèk levanjil Kris la. Sa te anbete Elimas, yon majisyen Jwif, yon anplwaye nan tribinal konsil la. Li te konnen, si Sèjiyis Polis ta rive asepte levanjil la, enflyans li menm li genyen kòm majisyen ta ka afekte, e se konsa Elimas t'ap chache detounen gouvènè a pou l' pat kwè. Nou jwenn jouk la Banabas te rvie kòm lidè gwoup la. Men kounye a se Sòl ki te parèt anfas Elimas, epi li akize l' kòm yon moun k'ap detounen travay Senyè a. Elimas se te yon Jwif, ki te konnen Ansyen Testaman e li te konnen Bondye vivan e vrè, men li te asepte yon fo relijyon. Epi Pòl di li: «Kounye a, koute: Bondye pral mete men sou ou, ou pral vin avèg, ou pap wè limyè solèy la pou kèk tan» (13:11). Pòl te konnen nan pwòp esperyans li, ke avèg fizik la kapab kondwi nan yon limyè espirityèl. Bondye te gide Pòl, menm lè li di sa a, imedyatman pawòl yo konpli. Gouvènè a te rete sezi. Yon manifestasyon ki tèlman gran konsa pouvwa Bondye a te transfòme yon senp moun ki t'ap koute ak emosyon, te vin tounen yon kretyen tout bon. Entansyon Satan, se te anpeche travay misyonè yo, men li te tounen yon viktwa mèvèyez pou levanjil Kris la.

KEKSYON SOU ETID LA

1. Poukisa yo te voye Banabas ak Sòl lavil Jerizalèm?
2. Ki chanjman ki te rive fèt nan legliz lavil Jerizalèm nan?
3. Ki moun jenn gason ki te tounen avèk yo nan peyi Antyòch la te ye? Di kèk bagay ki kapab identifye li byen.
4. Kòman premye vwayaj misyonè Sòl la te vin parèt?
5. Esplike kòman ou wè nan pasaj sa a travay Sentespri a te mele ak travay lèzòm nan?
6. Ki gid (prensip) Banabas ak Sòl te swiv nan travay misyonè yo?
7. Nan ki fason Jan Mak te itil pou Banabas ak Sòl?
8. Poukisa de misyonè yo, Sòl ak Banabas te genyen pwoblèm avèk Elimas?
9. Kòman pinisyon Elimas la te ye?
10. Kisa pinisyon Elimas la te pote?

POU ETID SIPLAMANTE

1. Panse enpe sou jèn ki te mansyone nan chapit sa a. Eske jèn nan se yon pratik sajès e nesesè pou legliz kretyèn e modèn nan?

2. Kòman ou ta mennen sitiyasyon an pi devan kòm si ou t'ap bay yon moun temwayaj sou Kris, epi yon twazyèm moun ta vle anpeche sa?

3. Kòmanse yon kat jewografik sou premye vwayaj misyonè Pòl la. Trase yon liy ki soti yon kote al nan lòt kote, selon sa ou te li nan chapit sa a. Ansanm ak chak plas kote kèk bagay enpòtans te rive. Fè desen yon senbòl ki pou l' reprezante evennman sa a epi ki pou ede ou fikse sa nan pwòp tèt pa ou.

CHAPIT 10

ANN TOUNEN KOTE MOUN LOT PEYI YO ANKO

Li Travay 13:13-52

KEKSYON POU PREPARASYON

1. Ki chanjman ki te genyen lè misyonè yo te sòti lavil Chip?
2. Kòman Pòl te prezante Jezi bay Jwif Antyòch nan peyi Pisidi?
3. Ki efè misyon Antyòch la te pote?

ENTWODIKSYON

Apre konvèsyon Sèjiyis Pòl la, misyonè yo te fè yon pa twè odasye. Levanjil la te deja preche nan Chip depi anvan yo te rive, men kounye a yo te soti Chip pou y'al antre nan yon rejyon kote yo pat janm ankò preche levanjil la.

1. Pèj

Misyonè yo te navige kòm anviwon 300 kilomèt nan nò Chip konsa, jouk yo rive nan Lazi Minè (kote yo rele Tik, jodia), epi yo tou rive Pèj. Premye pas sa a nan vwayaj yo a te enteresan pou plizyè rezon. Menm jan nou te di anvan an, yo te antre nan yon rejyon ki te konplètman nouvo pou levanjil la, epi reskonsablite travay la te kòmanse soti nan men Banabas pou al tonbe nan men Sòl; kote Lik te di anvan «Banabas ak Sòl», men kounye a sa change. Li mete non Pòl an premye e apre non pa zanmi kanmarad li yo.

Se Pèj Jan Mak te kite misyonè yo pou l' retounen lavil Jerizalèm. Nou pa konnen poukisa li te fè sa, men selon Travay 15:28, nou wè Pòl te jete Mak paske li te anbandonen travay la.

Li sanble misyonè yo pat preche Pèj, sinon yo te kontinye pi byen jouk yo rive Antyòch, Pisidi, kote yo te kòmanse travay evanjelik yo nan Lazi Minè.

2. Sinagòg Antyòch La

Kòm se te menm koutim nan ki te tabli depi Chip, Pòl ak Banabas t'ale nan sinagòg la an premye, nan jou repo a. Sinagòg la te gen yon lòd sèvis trè fleksib. Se te koutim yo te genyen, apre yo fin li Ekriti yo, moun ki t'ap dirije a ka envite nenpòt Jwif visitè pou bay kèk pawòl egzòtasyon. Nan envitasyon sa a Pòl te kanpe touswit li kòmanse bay kèk pawòl egzòtasyon. Li preche kit Jwif kit moun ki pat Jwif yo, «ki gen krentif pou Bondye».

Prèch Pòl te bay la nan moman sa a, te sanble anpil ak sa Pyè te preche jou Lapannkòt la. Se byen posib apòt yo te sèvi ak fòm sa a pou preche Jwif yo. Premyèman, yo te fè yon revizyon sou gran evennman Ansyen Testaman yo, kote yo pale sou delivrans Bondye a; lè l' te chwazi Izrayèl la, lè yo soti nan peyi Lejip la, enstalasyon Izrayèl nan Kanaran e lòd ki pase pou moun ki pral gouvène yo, li fini avèk David. Depi nan panse sa a Pòl te vole tou dwat al tonbe sou Jezi, pitit David la, Sovè Bondye te pwomèt la. Se pou li menm Jan Batis t'ap prepare chemen an. Sepandan Gran chèf Jwif yo te refize l' epi li te mouri sou yon bwa, men Bondye te leve l' vivan nan lanmò e l' te fè l' parèt vivan devan disip yo. Alò, Pòl te demontre ke tou sa te dakò avèk pwofesi Ansyen Testaman yo. Se pa lanmò ak leve Kris vivan nan lanmò a, lezòm kapab vin jistifye nan tout peche yo; sa pat ka rive posib ak lalwa Moyiz la.

Pandan Pòl t'ap preche konsa, byen posib li te gen tan gade gen kèk nan moun ki pat vle asepte mesaj kretyen an, paske li fini l' avèk yon egzòtasyon pwofèt yo sou danje ki genyen nan enkredilite a. Men generalman, Pòl te jwenn yon repons ekselan. Anpil pami yo, Jwif kòm Grèg, yo tout te antoure li ak Banabas, yo gen anvi aprann plis sou Jezi. Te gen yon gran dezi pou Pòl ak Banabas ta vin preche yo yon fwa ankò lòt Samdi.

3. Jou Apwe Repo A

Pandan senmenn nan nouvo mesaj la te gaye pou tout Antyòch. Lè jou repo a te rive, Jwif yo te sezi wè yon kantite moun ki pat Jwif nan sinagòg la. Nou ta kapab di Jwif yo te dwe rejwi; men nou dwe sonje jalouzi yo se yon reyaksyon ki trè fasil pou pwovoke. Nan jou repo sa a, Jwif yo pat rete trankil ditou, pandan Pòl t'ap preche a. Yo te demanti li epi yo te pale kont levanjil kretyen an. Anfas rezistans sa a, Pòl ak Banabas te reponn avèk odas byen fò. «Men Pòl ak Banabas di yo konsa: Se nou menm premye moun ki pou resevwa pawòl Bondye a. Men, n'ap repouse l', nou pa konsidere tèt nou bon ase pou n' antre nan lavi ki pap janm fini an. << Eben, kounye a nou pral vire bò kote moun lòt nasyon yo>> (13:46). Yo te konpli avèk pwomès li a, e moun lòt peyi yo te resevwa mesaj gras Bondye a avèk kè kontan. Moun sila Bondye te chwazi peyi Antyòch la pou resevwa lavi ki pap janm fini an, yo te repònn pa lafwa, (yo te kwè) (v.48). Non sèlman yo te kwè nan Kris, men yo te sòti tou pou y'al gaye mesaj la bay nan tout rejyon sa a.

Poutèt moun lòt nasyon yo te asepte levanjil la, sa te kòz anpil move jan pami Jwif yo. Pifò nan moun lòt nasyon sa yo te interese nan relijyon Jwif la. Se te yon gran espwa pou vin rive fè patizan relijyon Jwif la e manm sinagòg la. Men kounye a, kèk predikatè anbilan vin pote yo ale. Akòz sa, Jwif yo vin leve yon pèsekisyon kont Pòl ak Banabas, jouk tan yo mete yo deyò nan vil la. Sètènman nouvo kretyen yo te ofanse akòz pèsekisyon sa a nan kèk sans, men yo pat dekouraje pou sa. Vèsè 52 a di: «Disip yo te kontan anpil Sentespri te plen kè yo».

KEKSYON SOU ETID LA

1. Kisa ki te pase Pèj?
2. Kòman Pòl ak Banabas te kòmanse travay misyonè yo Antyòch?
3. Kisa ki pwen prensipal mesaj Pòl la?
4. Fè yon ti lis pwojè mesaj Pòl la.
5. Sèvi ak pwòp pawòl ou, se pa pawòl Labib la di a, fè yon lis sou tout bagay Pòl te di sou Jezi nan mesaj li a.
6. Ki jan yo te reponn mesaj sa a?
7. Poukisa te gen yon chanjman nan atitid Jwif yo?
8. Lè Jwif yo te refize levanjil la, kisa misyonè yo te fè?
9. Jouk nan ki degre siksè levanjil la te rive nan Antyòch?
10. Poukisa Pòl ak Banabas te soti kite Antyòch?

POU ETID SIPLEMANTE

1. Kontinye kat jewografik ou a sou vwayaj Pòl la, desine ilistrasyon yo pou evennman nan Pèj ak Antyòch la nan li.
2. Nan ki sikonstans li pi korèk pou evite pèsekisyon sa a?
3. Ki prensip Pòl te swiv lè nan travay misyonè l' lè l te tounen bò kote moun lòt peyi yo?

CHAPIT 11

DYE YO TE DESANN

Li Travay 14

KEKSYON POU PREPARASYON

1. Kòman yo te resevwa levanjil la nan Lazi Minè?
2. Ki pèsekisyon apòt yo te kontre?
3. Kòman Pòl ak Banabas te pran swen nouvo konvèti yo?

ENTWODIKSYON

Premyè predikasyon levanjil la nan Lazi Minè te genyen anpil siksè. Anpil moun Antyòch te kwè. Sepandan, pou Jwif pale de lakwa se te yon ofans pou yo. Pifò nan Jwif yo te refize levanjil la, epi yo te chase Pòl ak Banabas jouk yo te oblije kouri kite vil la.

1. Ikonyon.

Apòt yo t'al fè wout yo sou bò solèy leve jouk yo rive lavil Ikonyòm. Yo te antre nan sinagòg la epi yo te preche la. Yon fwa ankò Senyè a beni misyon yo, epi anpil Jwif e moun lòt nasyon te kwè. La tou Jwif yo ki pat kwayan yo te mete anpèchman; men malgre sa disip yo te kontinye preche nan Ikonyòm. Senyè a te manifeste benediksyon l' lè l' pèmèt yo fè pwodij ak mirak admirab yo kote sa a epi sa sanble travay yo a te gen anpil siksè.

Sepandan, Jwif ki pat vle asepte levanjil la te kontinye bay pwoblèm jouk nan pwen vil la te rete divize ant moun ki kwè apòt yo e moun ki opoze kont yo. Sak enpòtan an, nou wè otorite yo se pou Jwif enkredil yo yo te ye, sa fè yo te bay pèmi pou lapide apòt yo. Men lè Pòl ak Banabas te konnen plan an, yo te gen chans pou kouri sòti kite vil la anvan yo fè atanta a kont lavi yo.

2. List

Soti Ikonyòm, misyonè yo te janbe fwontyè Likaonyen. Yo te preche anpil nan vil la, tankou nan sèksyon riral la. Yo te reyalize pifò nan travay yo nan vil yo, espesyalman nan List. Apre yo te fin preche yon bon tan la, yo te fè yon mirak ki sanble ak sa Pyè e Jan te fè nan vil Jerizalèm nan (chapit 3). Pòl te resevwa yon kado espesyal Sentespri a pou fè l' konprann sak ta pase nan kè nèg ki fèt tou bwate a. Li te konprann nonm sa a te gen la fwa sifi pou l' te geri, nan kò li tankou nan lespri li. Se vre mirak yo te toujou yon travay Bondye ki te depase bagay nòmal yo, men sa pa reyalize tout tan, amwens ke moun yo gen lafwa. Sa montre relasyon entim ki egziste ant delivrans la ak mirak gerizon an kado lafwa a li nesesè pou toulede ka yo.

Fason jan pèp la te aji a, se te menm bagay ak moun payen yo. Yo te panse ke Pòl ak Banabas se «bondye ki te pran fòm moun, yo desann vin jwenn li (v.11). Moun List yo te konn adore dye ki rele Zeyis la, yon fo dye Grèg moun wòm yo te rekonèt kòm Jipitè. Nan religyon Emès la, se te yon dye ki te toujou mache ak Zeyis (yo te rekonèt li pami Women tankou Mèki (gade nan yon ensiklopedi si l' posib). Donk, yo te panse, Pòl ak Banabas pat anyen mwens ke menm dye sa yo. Menm lè sa a, yo te kòmanse fè preparasyon yon sèvis pou adore fò dye yo. Okòmansman, misyonè yo pat konprann sa yo te gen lide fè, paske yo t'ap pale nan lang natif natal peyi yo. Men lè yo vin konprann poukisa tout bann aktivite sa yo, yo te chache kanpe yo ak tout fòs; yo te reyisi sa nan dènye moman, men sèlman apre yo te fin batay anpil.

Jwif enkredil yo nan Antyòch tankou nan Ikonyòm, yo pat kontan sèlman yo te mete Pòl ak Banabas deyò nan vil sa, men yo te swiv yo jouk rive List. Se la yo te gen opòtinite pou reyalize sa yo te gen lide fè depi Ikonyòm nan. Moun sa yo, kèk lè anvan ki te prèt pou adore yo tankou bondye yo, nan ti moman konsa yo te kite Jwif yo konvenk yo pou lapide yo. Nou jwenn ak menm sipriz chanjman ki te fè nan pèp lavil Jerizalèm nan konsènan sou pèsonaj Kris la. Lenmi Pòl yo te kalonnen l' ak kout wòch jouk yo te prèske touye l', epi pita yo te trennen l' mete l' deyò nan vil la. Etan kèk nan disip te antoure l' tou tris konsa, li vin gen konesans sou li, li te pran fòs li epi li te tounen nan vil la. Itilizasyon mo «disip yo» nan chapit sa a isit la fè nou konprann menm nan kote yo te ye a Bondye te beni prèch Pawòl li a. Pami disip sa yo sètènman te gen Timote, manman li ak grann li.

3. Vwayaj Tounen An

Nan denmen, Pòl avèk Banabas pati y'al lavil Dèb. Yo te preche la pou yon ti tan epi se konsa yo te fè anpil disip nan pèp la. Pita, yo te deside tounen lavil Antyòch nan peyi Siri a, legliz ki te voye yo nan vwayaj misyonè sa a. Yo te vwayaje jouk bò solèy kouche nan tout teritwa Chip la. Yo te rive nò jouk rive nan Antyòch Pisidi, epi pita yo te vwayaje nan direksyon solèy leve. Lè yo rive Dèb, yo wè yo te toupre «Pòt Cilisi Yo», ki te yon sèl pa ant mòn ki trè konni yo, e ki ta mennen yo dirèk al Tas, lavil peyi kote Pòl Tas te fèt la e lakay li; konsa se ta yon vwayaj kout pou tounen lavil Antyòch peyi Siri a. Si yon moun byen gade trètman yo ba yo nan vil kote yo te pase yo, pèsonn pa ka akize yo si yo ta deside tounen nan yon wout ki pi kout.

Men sak pase, Pòl ak Banabas te trè enkyete pou nouvo disip yo te fèk genyen yo, epi se poutèt sa yo te tounen nan menm wout yo te vini an, o nou kapab di, List, Ikonyòm ak Antyòch peyi Pisidi. Pou fè sa, yo bezwen anpil anpil kouraj. Men yo te fè sa plis paske yo konnen moun ki te fèk konvèti yo te gen anpil bezwen, pou ankourajman espirityèl tankou pou òganize yo. Yo te montre nouvo disip yo pou reziste fèm nan lafwa malgre yo anba pèsekisyon, alò kretyen yo dwe antre nan peyi Bondye a avèk anpil tribilasyon. Epi misyonè yo te mete ansyen nan legliz yo yo te fòme yo, pou yo te kapab gide e ede nouvo kwayan sa yo nan tribilasyon ki pare ap tann yo a.

Lè Pòl ak Banabas te rive yon lòt fwa Pèj, yo te preche la, malgre li sanble yo pat fè sa nan vwayaj yo te vini an. Kèk ekriven biblik bay sijesyon ke yo pat fè sa paske lè yo te janbe premye fwa a se te yon epòk chalè, e moun yo te sòti kite vil la y 'al andeyò pou yo chache frechè nan mòn yo. Donk kounye a yo te jwenn vil la plenn aktivite kòm abitid, se pou sa tou yo te kanpe pou preche moun yo.

Lè yo soti Pèj yo te retounen nan yon kannòt Antyòch peyi Siri a. Yo te reyini nan yon legliz la epi yo te prezante yon rapò sou esperyans vwayaj yo. Se te legliz sa a ki te ba yo pwovizyon e ki te voye yo kòm misyonè yo, men kounye a Pòl ak Banabas remèt rapò travay yo kòm etan reprezantan. Yo te rete Antyòch pou yon bon tan, byen posib yo kontinye travay yo t'ap fè a epi yo te kanpe l' lè yo te resevwa apèl pou y'al nan misyon an.

KEKSYON SOU ETID LA

1. Kòman Jwif Ikonyòm yo te resevwa levanjil la?
2. Pouki sa Pòl ak Banabas te sòti kite Ikonyòm?
3. Ki mirak Pòl te fè lavil List?
4. Ki jan moun ki pa konn Bondye yo te aji lè yo te wè mirak sa a?
5. Kisa Pòl ak Banabas te di moun sa yo sou Bondye?
6. Ki evennman trajik ki te pase List?
7. Ki kote Pòl ak Banabas t'ale apre yo te soti List?
8. Kisa apòt yo te fè pandan yo t'ap retounen?
9. Kisa Pòl ak Banabas te fè Antyòch Siri?

POU ETID SIPLAMANTE

1. Kontinye fè kat jewografik ou a, trase vwayaj yo mansyone nan chapit 14 la, konsa tou fè desen kèk ilistraksyon pou chak evennman ki gen enpòtans.
2. Pòl ak Banabas te jwenn pi gwo opozisyon levanjil la ki te vin soti bò kote Jwif yo. Bò kote kilès nou kapab jwenn pi gwo opozisyon an?
3. Eske Kris vle pou nou kondwi moun yo sèlman nan konesans levanjil la, o li vle nou fè yo rete nan legliz la tou? Bay opinyon ou sou sa.
4. Konsidere travay Pòl te fè a nan chapit sa a, di sa nou menm nou dwe fè pou temwayaj nou anvè Kris ka konplèt.

CHAPIT 12

KONFYANS PA VO ANYEN SI L' PA MACHE AK FÈ BYEN

Li Jak

KEKSYON POU PREPARASYON

1. Ki baz istorik liv Jak la genyen? a) Moun ki ekri li, b) Dat li te ekri, c) Moun ki resevwa l' la.
2. Pouki sa li te ekri liv la?
3. Sou ki tèm prensipal apòt Jak te pale?
4. Nan ki fòm Jak sanble li pa dakò ak Pòl?

ENTWODIKSYON

Nou aprann nan liv Travay yo, ke legliz primitiv la te kòmanse gen pwoblèm byen vit. Nan liv Travay chapit 15 nou wè yon diskisyon trè enpòtan sou relasyon ki genyen ant konfyans ak fè sa ki byen. De lèt sa yo pale sou pwoblèm nan, lèt Galasi a ak lèt Jak la. Lèt Pòl te ekri moun Galasi yo sanble li te mete tout fòs li sou konfyans. Nan yon lòt kote, lèt Jak la tonbe sou fè sa ki byen. Gen kèk moun ki panse, ke de lèt sa yo yonn kont lòt. Nou pral egzamine konklizyon sa a, epi na chache konprann pwoblèm nan pi byen, espesyalman pou wè kòman li aplike nan lavi kretyèn jounen jodia.

1. Otè A

Nan kèk lèt Pòl ekri yo gen referans ki di dat li te ekri yo, pou kilès, e ki kote li te ye lè l' t'ap ekri yo. Lèt Jak la pa ban nou okenn nan infomasyon sa yo.

Yonn nan pi gran mistè epit sa a se identite moun ki ekri l' la. Li pa kapab se apòt Jak, frè Jan an, paske sa pa gen anpil tan pase depi lè Ewòd te touye li apre jou Lapannkòt la, e nou ka wè ke lèt sa a te ekri anpil tan apre sa. Nou prèske sèten Jak ki te ekri li a, se te frè Kris li te ye. Men ki sa fraz sa vle di "frè Kris"? Katolik Women yo kwè Mari pat janm gen plis pitit apre Jezi. Yo te ensiste Jak se kouzen Jezi li te ye. Gen kèk lòt ekriven ki panse Jak se te pitit Jozèf nan yon lòt maryaj li fè anvan, epi gen kèk lòt ankò ki kwè ke se te pitit Jozèf ak Mari. Nou pa kapab di avèk sètitid ant de opinyon sa yo kilès ki te verite, men li pi sanble Jak se yon frè konplèt Jezi li te ye.

2. Dat Ak Moun Li Ekri Yo

Pa gen yon mwayen ki asire pou konnen kilè Jak te ekri lèt la. Men gen kèk bagay, ki fè nou panse sa a se yonn nan premyè lèt Nouvo Testaman yo.

a) Nan Chapit 2:2, Jak sèvi ak mo "sinagòg" nan plas «legliz» la. Sa ka vle di ke kretyen yo te kontinye fè sèvis toujou avèk lòt Jwif yo.

b) Jak pat bay okenn referans sou gwo pwoblèm nan doktrin yo ki te parèt nan legliz la, donk li posib li te ekri lèt sa a anvan tout pwoblèm yo te parèt. Anpil gran konesè biblik yo siyale lane 45 d.K (apre Kris) kòm dat epit Jak la te ekri.

Jak te ekri lèt la pou Jwif ki te konvèti nan relijyon kretyèn nan e ki t'ap viv nan «dispèsyon», oswa, andeyò Palestin. Anpil nan Jwif ki te dispèse yo te konvèti depi lavil Jerizalèm nan jou Lapannkòt la.

3. Entansyon An

Moun Jak te ekri yo, te gen pwoblèm nan lavi kretyèn yo chak jou, e se sou tout pwoblèm sa yo Jak t'ap pale. Dapre sa l' sanble, yo t'ap viv nan nivo moral e espirityel ki pi ba pase sa ansèyman Kris yo te pèmèt. Petèt yo te fè konfyans sou lafwa yo, kóm yon eskiz jwèt timoun. Jak te toujou enterese nan yon nivo moral ki pi wo, li te toujou vle leve moun sa yo nan yon lavi ki diy pou non kretyen an.

4. Plan (o Desen) An

Lèt Jak la, sa a pat prezante nan menm fòm lojik, tankou kèk nan lèt Pòl yo. Konsa li difisil pou fè yon plan sou li. Men sepandan, plan anba a kapab ède nou konprann pwen ki pi enpòtan nan lèt la.

Epit Jak la Chapit

I.   Siyal yo ki montre relijyon tout bon vre a ---------------------- 1
II. Prèv lafwa tout bon an --- 2
III. Demonstrasyon konesans tout bon an ------------------ 3:1-4:12
IV. Siyal yo sou kè sansib tout bon an --------------------- 4:13-5:20

5. Sa li gen ladann (konteni an)

A. Relijyon Tout Bon Vre A

Nan premye pwen an, relijyon se yon relasyon ant lòm ak Bondye. Payen yo anpil fwa yo te panse relijyon yo pa yon bagay ki gen okenn efè osinon okenn relasyon ant lòm avèk prochèn l'. Men Ansyen Testaman te montre byen klè, yon moun ki di li renmen Bondye li dwe renmen pwochèn li tou menm jan tankou tèt pa li. Jak fè nou sonje ke relijyon kretyèn an montre sa tou. «Si nou vle sèvi Bondye yon jan ki dakò ak volonte l'. Yon jan ki bon tout bon devan li: Pòte sekou bay timoun ki pa gen papa; bay vèv y lasirans lè yo nan lafliksyon. [Pa mele nan move bagay k'ap fèt sou latè pou nou pa pèdi kondisyon no] (1:27). Jak siyale plizyè fason pou fè pratik relijyon kretyèn an.

1. Relijyon kretyèn an pa dwe kite l' tonbe anba tantasyon ni li pa dwe pèdi konfyans nan moman eprèv yo. Eprèv yo bay yon opòtinite pou devlòpman pasyans ak fidèlite. Bondye bay mezi konesans nan moman eprèv yo, konsa tou li pwomèt yon rekonpans pou moun ki kwè eki sipòte eprèv yo.
2. Kretyen yo pa dwe kite l' twonpe pou sa monn nan konsidere «kom valè» a. Anpil richès pa tèlman gen enpòtans jan monn nan kwè l' la, alò tout trezò yo nan lavi sa a se pase y'ap pase.

3. Kretyen an pa gen pou l' koute pawòl Bondye a sèlman, men fòk li fè efò tou. Yon moun ka konsidere li trè relijye, men si li pa mete sa pawòl Bondye di a anpratik, se tèt li l'ap twonpe li menm. Kretyen tout bon an se moun ki konpli sa Bondye mande a.

B. LAFWA TOUT BON VRE A

Li byen fasil pou panse konfyans se yon bagay y'ap tann ki pou soti nan fè tou sa ki byen. Pa egzanp: Yon moun kapab konfese li gen lafwa, e malgre tou sa, li montre li gen yon preferans pou apresye moun rich e pou dezapresye moun pòv. Sa demontre li manke lanmou. Jak ensiste di nou pou Bondye, yon kretyen montre li gen konfyans tout bon vwe a nan fè sa ki byen. Oswa, fè sa ki byen se yon bagay endispansab lè ou gen la fwa nan Bondye. Yon lòt bagay pi plis, Jak te menm oze di, se nan fè sa ki byen lòm nan jistifye.

Gen anpil moun k'ap fè kòmantè di Jak te anseye ke se nan fè sa ki bon jistifikasyon an soti; kont ansyèman Pòl la, ki di se palafwa lòm jistifye. Sa a se yon bagay konplètman fo. Paske yo toulede, Pòl menm jan tankou Jak, yo kwè e yo anseye se palafwa lòm ap delivre, e konfyans tout bon an toujou manifeste nan fè sa ki byen. Pòl mete anpil aksan sou jistifikasyon palafwa, se poutèt sa presizeman, pake li te ekri moun ki t'ap chache sove ak fè sa ki byen sèlman. Epi, Jak li menm ekri moun yo ki pa t'ap viv tankou kretyen, li t'ap kenbe tèt ak yo pou montre yo li nesesè pou yo fè sa ki byen paske sa ap sèvi tankou yon prèv pou montre lafwa yo. Jak te anseye toulede nesesè. Ni lafwa kòm nan Bondye ni fè sa ki byen toulede gen enpòtans nan lavi yon kretyen.

C. KONESANS TOUT BON VRE A

Si gen nan mitan nou yon moun ki gen bon konprann, ki gen lespri, se pou l moutre sa ak bon «ak bon kondwit li» (3:13). Se pou li fè sa san logèy, men ak bon konprann.

Yon bon pati nan bon konprann nan li repoze nan kapasite yon moun gen pou kontwole lang ni. Sa a se pa yon bagay ki fasil.

Jak rive nan yon pwen pou l' di, ke l' enposib pou donte lang nan konplètman. Men sa pa vle di ke l' pa gen entansyon. Donk yon lang Bondye pa kontwole, se yon lang ki kapab kòz anpil gwo malè, men yon lang Bondye gouvènen kapab fè anpil byen.

Yon lòt pati nan bon konprann nan rete nan evite diskisyon yonn ak lòt. Anpil fwa diskisyon yo vini kòm efè yon lang ki pa anba kontwòl, epi sa a se yon prèv pasyon bay, tankou lavaris ak lanvi. Gen yon sèl fòm pou kontwole pasyon yo se kenbe tèt ak dyab la epi avanse pi pre Bondye—se sa ki sajès tout bon vre a.

D. KE SANSIB TOUT BON AN

Jak esplike kisa ki kè sansib e kisa ki pa kè sansib. Li egzòte moun k'ap fè plan pou demen san yo pa pran anyen ankonsiderasyon sou Bondye, e moun yo k'ap anrichi pa fòs vyolans ak lenjistis. Bondye gen pou l' pini peche yo. Sa se tout bon wi, espesyalman pou kretyen yo, ki dwe konnen sa pi byen. «Moun ki pa fè byen li konnen li gen pou l' fè a, li fè peche» (4:17).

Byento li prezante egzanp sou kisa kè sansib la ye. Moun k'ap soufri anba pèsekisyon yo dwe gen pasyans, pou swiv egzanp Jòb ak pwofèt yo. Moun ki malad yo dwe mande pou lapriyè pou yo. Se pou nou konfese peche yo yonn bay lòt, se pou yonn lapriyè pou lòt, pou nou kapab geri. «Lè yon manm ap viv dwat devan Bondye, lapriyè moun sa a gen anpil pouvwa» (5:16). Pou fini, Jak fè nou sonje, nou dwe renmen yon lòt tankou tèt pa nou. Si nou wè yon frè nou pèdi chemen verite a, nou dwe mennen l' tounen ankò, pou l' ka jwenn padon pou tout peche'l te komèt.

KEKSYON SOU ETID LA

1. Kilè lèt Jak la te ekri e kilès li te voye l' bay?
2. Kisa ou kapab di sou idantite otè a?
3. Sou ki tip pwoblèm lèt sa te pale?
4. Ki vale ki gen nan eprèv yo? (1:2s, 1:12s).
5. Kisa Jak anseye sou bon konesans? (1:5s).
6. Kisa Jak anseye sou lapriyè? (1:5s, 5:13s).
7. Kisa Jak anseye sou fè sa ki bon? (1:22s; 2:14s).

8. Kisa Jak anseye sou lang la? (1:26s; 3:4).
9. Kisa Jak anseye sou moun rich yo? (2:5).
10. Kisa Jak anseye sou gen pasyans (1:2s; 5:7s)

POU ETID SIPLEMANTE

1. Fè yon konparezon sou Jak 2:14-26 avèk Wòm 4:1-8
2. Eske gen yon fason pou fè de (2) chapit sa yo fè akò? Eksplike sa.

CHAPIT 13

JISTIFIKASYON PA LA FWA

Li Galasi

KEKSYON POU PREPARASYON

1. Ki baz istorik liv Galasi a genyen?
2. Kisa Pòl anseye sou konfyans?
3. Kisa Pòl anseye sou libète kretyèn nan?

ENTWODIKSYON

Nan chapit ki sòt pase la a nou te fè kòmantè ke gen kèk moun ki kwè Jak ak liv Galasi yo prezante kèk ansèyman diferan sou kòman pou moun delivre. Men sa se pa vwe. Rezon ki fè gen diferans sa a nan opinyon Pòl ak Jak la se paske yo t'ap ekri moun ki te gen pwoblèm diferan.

1. Entansyon An

Apre Pòl te fin preche moun Galasi yo levanjil la, e li te kontinye chemen li, te gen kèk lòt mèt ki te vini nan legliz li te deja tabli yo. Mèt sa yo te di yo se reprezantan apòt lavil Jerizalèm yo. Yo te di ke Pòl pat yon vrè apòt epi yo pat kapab mete konfyans yo nan levanjil li a. Yo te anseye moun nan peyi Galasi yo dwe kwè nan Kris la, men yo te di se nesesè pou yo te obsève lalwa Moyiz la tou pou yo kapab delivre. Nan yon fòm dirèk yo te ensiste li te nesesè pou moun Galasi sikonsi yo, paske se sikonsizyon an ki va siy yo asepte ansèyman yo a. Lè Pòl te vin konnen ki kretyen Galasi yo te mele yo ak ansèyman fo relijyon Jwif yo, li te ekri legliz Galasi a yon lèt pou avèti yo kont fò ansèyman sa yo.

Dènye vèsè nan liv Galasi a yo gen anpil enpòtans. Li te kòmanse di yo, «Gade ki gwo lèt m'ap ekri nou kounye a ak pwòp men pa m'!» (6:11). Se pat Pòl li menm ki te konn ekri lèt li yo ak men l', men li te kon dikte yo bay yon segretè. Se posib li te gen kèk maladi ki te bay Pòl difikilte pou ekri epi lè l' ekri li menm li dwe sèvi avèk gwo lèt. Men, enkyetid li te genyen pou kretyen Galasi yo ak gran dezi cho li te gen nan kè l' pou sa l' te dikte anvan sa, te fè l' oblije ekri l' li menm pèsonèlman dènye fraz sa yo.

2. Dat Ak Moun Li Ekri Yo

Nou pa kapab fikse avèk presizyon dat lèt sa a te ekri a. Asanble lavil Jerizalèm nan te reyini pou pale sou pwoblèm fo relijyon Jwif yo, e l' kondannen ansèyman l' yo. Eske se apre reyinyon apòt yo Pòl te ekri moun Galasi yo lèt sa a? Eske Jwif sa yo te kontinye twonpe moun yo avèk vye ansèyman yo a? O èske se anvan reyinyon asanble a li te ekri lèt sa a? Si se konsa sa te ye, nou kapab panse ke asanble pa yo a te rezoud pwoblèm Pòl te trete nan lèt sa a. Sanble li pi posib ke l' te ekri moun Galasi yo anvan asanble lavil Jerizalèm nan, epi li t'ap pale ak legliz yo ki nan sid Galasi a Pòl te vizite nan premye vwayaj misyonè l' la.

3. Plan (o Desen An)

Galasi Chapit

4. Sa li gen Ladan l' (Konteni an)

Otorite Apostolik Pòl la

Pòl kòmanse ekri lèt Galasi a avèk yon gwo defans levanjil li a. Li te ensiste pou l' di ki sa ki te levanjil tout bon an, epi se nan Jezikri li te resevwa l' dirèkteman. Pa gen yon deklarasyon pi fò ki egziste sou legalizasyon levanjil kretyen an plis pase sa a: «Enben, menn si yon moun ta vin anonse nou yon lòt bon nouvèl ki pa menm ak sa nou te anonse nou an, moun sa a li te mèt se mwen menm, osinon yon zanj ki soti nan syèl, madichon pou li» (1:8). Prèv ki montre levanjil Pòl se vwè levanjil la, li baze espesyalman sou orijin li. Paske li di se Jezikri menm ki te pote levanjil ba li, Kris ki te leve vivan e ki te monte nan syèl dirèk. Pòl prezante yon istwa anbrèf sou lavi li. Pou epwouve ke li pat resevwa lòd levanjil la nan men lèzòm. Ni nonplis li pat menm resevwa l' nan men lòt apòt yo. Li te resevwa l' dirèkteman depi nan men Kris, sa a se bagay menm lòt apòt yo te konnen. Yo pat menm pran chans korije l' lè l' t'ap espoze levanjil li a. Tout okontrè, lè konpòtman Pyè a te kont ansèyman levanjil la nan lavil Antyòch, Pòl te kondannen Pyè anfas li. Pòl pat kapab fè sa si Pyè pat rekonèt Pòl kòm yon kamarad ki gen menm dwa tankou li.

Jistifikasyon Pa Lafwa

Pòl te gen anpil dezi pou l' ta mete nan lespri Galasi yo verite a ke se konfyans nou ki fè nou konte kòm moun inosan devan Bondye, men se pa pou sa nou fè ki byen. Jwif nan fo relijyon yo te fè pèp la konnen, obsèvasyon lalwa se yon pati ki enpòtan nan delivrans la, men Pòl fè konnen ke Ansyen Testaman an pa kapab rete konsa. An premyèman, Pòl siyale se konfyans Abraram ki fè l' te konte kòm moun inosan devan Bondye. Moun ki pitit Abwaram tout bon vre yo, se sila ki kwè yo, menm jan tankou Abraram te kwè a. Tou sa ki gen konfyans yo, yo inosan, paske Kris te chaje madichon lalwa a pou nou.

Dezyèman, Pòl te bay prèv ke lalwa pat kapab sèvi kòm chemen delivrans la. Bondye te pase kontra li avèk Abwaram e li te pwomèt li delivrans la. Se jouk nan lane 430 apre sa la lwa te vini, se poutèt sa li pa kapab chanje aranjman Bondye te fè avèk Abraram nan. Pou byen di, lalwa te vini pou lèzòm ta kapab konprann peche yo e pou yo chache delivrans la pamwayen pwomès Bondye a.

Twazyèman, Pòl anseye lalwa te genyen entansyon pou gide pèp Bondye a jouk tan Kris vini. Nan seremoni li ak sakrifis yo, lalwa tap sevi takou mèt ki konn montre sakrifis Kris la. Men kounye a lè Kris vini an, yo pa bezwen mèt sa ankò. Depi Kris vini an, moun ki kwè yo sot nan eta timoun epi yo grandi, kounye a se eritye yo.

Katriyèman, Pòl mansyone paske kretyen nan laj neotestaman an yo delivre anba esklavaj seremoni ak sakrifis yo. Kris delivre nou epi nou pa dwe chache tounen nan esklavaj ankò.

Libète Kretyèn An

Dènye pwen li fè konnen nan paragraf anwo a, yo konnen li kòm «libète kretyèn». Sa a pale sou ansèyman Kris la te delivre nou anba esklavaj lalwa Ansyen Testaman an ak ansèyman lèzòm. Kretyen an se sèvitè Kris li ye. Li pa esklav pèsonn.

Nan chapit pou fini lèt Galasi, Pòl bay règ sou ki sa vle di libete kreyen an ye. Premyèman, nou jwenn pou n' kenbe libète nou fèm. Nou pa dwe kite pèsonn mennen nou nan lesklavaj ni okenn bagay ni okenn moun ankò apwe Kris.

Dezyèman, li nesesè pou nou, pou n' toujou mete nan tèt nou ke libète nou dwe egzèse nan lanmou. Se pa yon libète pou n' fè moun mechanste, men pou nou ede yo. Pou fini, nou dwe mennen yon vi, pou n' ki te Lespri Bondye gide nou. Epi konsa na vin sèvitè Kris la tout bon, na kapab konsevè libète nou an e sèvi ak li jan nou dwe sèvi. Libète kretyèn an se pa yon libète pou nou lage kò nou nan fè peche. Se yon libète pou swiv Kris e sèlman Kris.

KEKSYON SOU ETID LA

1. Kilè lèt Galasi a te ekri?
2. Ki pwoblèm ki kòz Pòl te ekri li?
3. Ki opinyon Pòl te genyen sou moun sa yo ki t'ap preche yon levanjil diferan ak pa l' la (Galasi 1)?
4. Kòman Pòl te fè pou bay prèv li pat resevwa levanjil li a nan men lèzòm (1:11-2:21).
5. Nan ki fòm Pòl te konpare Abraram avèk yon kretyen?
6. Ki entansyon lalwa te genyen? (3:15s).
7. Kòman lè Kris te vini sa te chanje pozisyon moun ki kwè? (Galasi 4).
8. Poukisa se te yon move panse pou moun Galasi yo te vle rete anba lalwa? (4:8s)

9. Kòman nou dwe sèvi ak libète kretyèn nou an? (Galasi 5:22-26).
10. Kisa ki gen anpatikilye sou dènye vèsè ki fini liv Galasi a? (6:11).

POU ETID SIPLEMANTE

1. Ekri yon egzamen ki gen omwens 250 mo ki esprime pwòp opinyon ou konsènan libète kretyèn nan?
2. Eske lèt Pòl te ekri moun Galasi yo te montre Pòl ak Pyè te gen de levanjil diferan? Esplike sa e fè konparezon ak pasaj nan lèt yo.
3. Fè yon entèvyou avèk kèk minis yon dominasyon diferan ak pa ou la, e analize sa legliz sa a kwè sou libète kretyèn nan.

CHAPIT 14

OKENN CHAY KI PI GWO PASE SA

Li Travay 15:1-35

KEKSYON POU PREPARASYON

1. Ki pwoblèm ki parèt nan legliz Antyòch la?
2. Kòman Pyè ak Jak te dakò pou asepte moun ki pa Jwif yo nan legliz la?
3. Ki kalite mesaj yo te voye Antyòch?

ENTWODIKSYON

Nan de (2) chapit avan yo nou te wè kèk bagay sou pwoblèm ki te pase nan legliz primitiv la. Nou wè nan lèt Jak la li te pale anpil sou obeyisans lalwa. Nan lèt Pòl te ekri moun Galasi yo nou jwenn li te pale anpil sou jistifikasyon pa lafwa ak libète kretyèn an. Reyèlman pa gen okenn dezakò fondamantal ki egziste ant Jak ak Pòl. Toulede aspè sa yo ansanm fòme yon baz pou yon esperyans kretyèn trè fèm. Men te gen kèk lidè Jwif yo ki bay espresyon Jak la nan yon fo konklizyon. Mèt Jwif sa yo te kòz yon diskisyon andedan legliz la. Diskisyon sa a te pwovoke asanble a n'ap etidye nan chapit sa a.

1. Pwoblèm Antyòch La

Pifò moun nan Legliz Antyòch la se te kretyen moun lòt nasyon yo te ye. Nan legliz sa a te gen nèg ki te soti nan peyi Jide ki t'ap anseye li te nesesè pou kretyen moun lòt peyi yo dwe sikonsi yo. Sikonsizyon an se te yon siy ki montre ke yon moun te asepte tout koutim ak kondisyon seremonyal lalwa Moyiz la yo. Se konsa, mèt sa yo te di, fòk yo vin Jwif pou yo ka sove. Menm Pyè te prèske dakò ak lide sa a tou pou yon ti tan. Nan Galasi 2 nou li ke li te konn manje ak kretyen moun lòt nasyon yo, li te vin kite sa epi li te manje sèlman ak Jwif yo.

Pòl ak Banabas te rann kont enpòtans ansèyman sa a te genyen. Si yo egzije moun lòt nasyon pou yo sikonsi yo pou yo kapab manje avèk Jwif yo, enben, trè byento sikonsizyon ap vin sèvi kòm yon kondisyon pou yon moun fè manm legliz la, e menm pou delivrans la tou. Pòt Bondye te louvri a pou moun lòt nasyon yo te fèmen toudenkou. Se poutèt sa Pòl ak Banabas t'ap lite ak tout fòs yo kont ansèyman sa a. Touswit nou wè tout legliz Antyòch la t'ap diskite l'. Lè fini, yo te deside chache yon konsèy sou zafè sa a, epi yo nonmen Pòl ak Banabas pou yo t'ale lavil Jerizalèm pou prezante pwoblèm nan devan legliz laba a.

2. Asanble Lavi Jerizalèm Nan

Etan Pòl ak Banabas t'ap prale nan chemen lavil Jerizalèm nan, yo te vizite legliz nan Fenisi ak Samari, e yo te bay temwayaj sa Bondye te sèvi ak yo pou fè nan moun lòt nasyon yo. Legliz sa yo te gen anpil moun lòt nasyon ladan l' tou epi yo te kontan anpil lè yo tande nouvèl sa a.

Lè yo rive lavil Jerizalèm, apòt yo te rakonte yon fwa ankò esperyans yo, men isit la akèy la te diferan. Kèk nan kretyen ki te farizyen yo te gen anpil degoutans. Repantans Pòl la te chanje opinyon li anpil, men moun ki te pase nan relijyon farizyen yo ki konvèti yo te kwè li te nesesè pou yo kontinye konsève tout detay lalwa Jwif la te egzije yo. Apòt yo ak ansyen yo te reyini nan yon asanble pou konsidere diferant opinyon sa a.

Asanble a te etidye tout detay sou zafè a epi li te fè yon gran debat. Pyè te resi pale. Li fè moun ki prezan yo sonje, ke se li menm Bondye te chwazi l' pou t'al preche moun lòt nasyon yo levanjil la pou premyè fwa. Bondye te poze so li sou moun lòt nasyon yo lè l' te ba yo Sentespri li. Kòman legliz la kounye a ka mande pou moun lòt nasyon yo obsève lalwa si Jwif yo yo menm pa kapab konpli li?

Si se Pòl ki t'ap di pawòl sa yo, moun ki te opoze yo pa t'ap menm tande li. Men kòm se te Pyè ki t'ap pale a, Pyè ki apòt Jwif yo, alò sa li t'ap di a te gen anpil enpòtans pou yo.

Menm lè a, touswit Jak, frè Jezi a, te pale. Petèt farizyen yo t'ap tann li ta apiye lide fo relijyon sa a, paske yo konnen Jak te trè devwe pou obeyi lalwa Bondye. Si se te konsa, donk yo te santi yo wont. Jak te repete pwofesi Amòs la, pati ki di Kris la ap vini pou l' ka rezoud zafè delivrans moun lòt nasyon yo. Jak te bay opinyon l' nan yon sans yo dwe asepte moun lòt nasyon yo libman. Yon sèl bagay ke l' mande yo se pou kenbe kò yo nan pratik yo ki ta ka nwi kretyen Jwif yo nan yon fòm dirèk.

3. Lèt La

Pou enfòme legliz Antyòch yo, Lasiri ak Selisi desizyon sa a, asanble a te ekri yon lèt pou reprezantan legliz lavil Jerizalèm nan yo te dwe pote ale nan tout legliz sa yo. Lèt la te deklare ke y'ap admèt moun lòt nasyon yo avèk tout libète nan legliz la, sou menm baz tankou Jwif yo, epi li te fè konnen tou, limitasyon Jak te mansyonnen yo. Se Jid ak Silas ki te pote lèt Antyòch la ale, se sou wout nò a yo te vwayaje ak Pòl e Banabas. Jid ak Silas te preche Antyòch pou yon ti tan epi yo retounen lavil Jerizalèm. Men Pòl ak Banabas te rete lavil Antyòch, ap bay pawòl Bondye a.

4. Desizyon An

Li trè difisil pou nou apresye gran enpòtans sitiyasyon diskisyon ki te deside lavil Jerizalèm nan. Premyèman, li kapab sanble tankou yon diskisyon sou kèk bagay ki pa gen gran enpòtans pou nou. Men Lik li menm, li te wè enpòtans li e se pou sa tou ki fè l' te dedye yon bon pati nan liv li a pou sa. Li te konprann si asanble a ta pran yon desizyon diferan, travay misyonè Pòl la t'ap tounen anyen; levanjil la pa t'ap ka rive jwenn moun lòt nasyon yo; legliz la te ka rete sèlman ak yon ti gwoup moun ki fè pati relijyon Jwif la, epi lòd Kris te pase pou pote levanjil li a toupatou nan monn nan yo tap dezobyi'l.

KEKSYON SOU ETID LA

1. Kisa nèg Jide yo t'ap anseye?
2. Ki efè predikasyon an te fè lavil Antyòch?
3. Poukisa Pòl ak Banabas t'ale lavil Jerizalèm?
4. Kòman moun yo te resevwa istwa sou misyon yo?
5. Ki aplikasyon Pyè te fè sou pwòp esperyans li nan pwoblèm ki t'ap trete nan asanble a?

6. Nan ki fòm Jak te apiye Pyè?
7. Ki mesaj yo te voye nan legliz moun lòt nasyon yo?
8. Kisa Jid ak Silas t'al fè Antyòch?
9. Pouki sa desizyon asanble a te gen pòtans?

POU ETID SIPLEMANTE

1. Kisa Travay 15 montre sou karaktè Pyè?
2. Ekri yon pasaj pou pi piti 500 mo sou tèm nan: Sipoze Pòl te pèdi pa li a nan asanble lavil Jerizalèm nan. Kòman legliz la ta devlope vrèman, si sa ta pase konsa?
3. Pou panse: Eske li bon pou gen diskisyon nan legliz la? Panse sou kèk egzanp nan legliz primitif la e bay referans nan Labib pou apiye opinyon ou.

TWAZYEM PATI

DEVLOPMAN

LEV KRIS LA

CHAPIT 15

YON NONM MASEDWANN

Li Travay 15: 36-16:15

KEKSYON POU PREPARASYON

1. Poukisa Pòl te mennen Silas avè l' nan dezyèm vwayaj li a?
2. Kòman Sentespri te gide misyonè yo?
3. Kòman yo te resevwa levanjil la nan peyi Lewòp yo?

ENTWODIKSYON

Apre asanble lavil Jerizalèm nan, Pòl ak Banabas te retounen lavil Antyòch ansanm ak Jid ak Silas. Lè Jid ak Silas te retounen lavil Jerizalèm, Pòl ak Banabas te kontinye preche nan vil Antyòch la. Te gen anpil kongregasyon ki te fòme legliz lavil Antyòch la epi te gen lòt disip ki t'ap travay avèk Pòl ak Banabas nan vil sa a tou. Apre yo te pase yon ti tan ap travay nan vil sa a Pòl te di Banabas li dwe al vizite legliz yo te deja òganize pandan premye vwayaj misyonè yo te fè a.

1. Dezakò A

Se yon bagay ki tris, men se vre, ke difikilte dezakò yo konn rive pami kretyen yo tankou nan pami moun ki pa kretyen yo tou. Ata apòt yo pat ka chape anba diskisyon sa yo. Banabas te vle mennen

Jan Mak ak li nan dezyèm vwayaj misyonè a, men Pòl li menm li pat vle. Paske Mak t'ale kite yo nan premye vwayaj la, e se pou sa ki fè Pòl te konsidere se yon bagay ridikil pou l' tounen mennen l' avèk yo ankò. Petèt yo te genyen kèk diskisyon pami yo anvan sa, men nan Galasi 2:13 yo montre ke Banabas t'ap swiv egzanp Pyè a nan ipokrasi sa a: li pat manje avèk moun lòt nasyon yo. Si se te konsa, byen posib sa te ka sèvi kòm yon pwen sansib pou rann linyon ki te gen ant de (2) apòt sa yo frèt. Nenpòt ki jan l' te ye a, yo separe yo yonn ak lòt. Lik pat kache pwoblèm nan e li pat mete fòt la ni sou yonn ni sou lòt. Sètènman se te fòt yo toulede. Sepandan Bondye nan bon konprann ak gras li, li te sèvi ak feblès lachè sa yo pou fè travay li grandi. Banabas te retounen nan peyi natif natal Chip kote li te fèt la pou kontinye travay la laba, pandan tan sa a Pòl te retounen Lazi Minè pou vizite legliz yo ankò. Kòm li manke yon zanmi pou sèvi l' konpay nan vwayaj la kounye a, Pòl t'ale chache Silas lavil Jerizalèm. Alò, de zanmi sa yo te vwayaje depi lavil Antyòch pou y'al nan nò, travèse chenn montay Towo yo pou rive Dèb ak List.

2. Nan Galasi

Kounye a nou jwenn ak Pòl ankò pami moun li te ekri lèt Galasi yo. Se isit la kote yo t'ap montre kretyen fò doktrin relijyon Jwif la, yo menm ki te fè wè nesesite pou sikonsi yo a. Pòl te leve kont ansèyman sa a ak tout fòs li. Sepandan, men kounye a nan vil List la Pòl sikonsi Timote, yon jenn gason kretyen, ki te gen papa l' ak manman l' Grèk, anvan li te mete li nan gwoup misyonè yo. Eske sa se yon kontradiksyon sou sa Pòl te montre nan lèt li te ekri Galasi yo? Non, Pòl te ensiste di ke moun lòt nasyon yo pa bezwen sikonsi yo. Men poutèt manman Timote se Jwif li te ye, e li menm kòm grann Timote te leve li nan la fwa relijyon Jwif la (2 Ti. 1:5). Pòl te oblije deside sikonsi li nan yon entansyon pou l' te evite kèk diskisyon initil. Atitid sa a t'ale dakò avèk lide li nan I Korent 9:22, «Mwen fè m' tout jan ak tout moun pou m' ka sove kèk nan yo pa tout mwayen posib».

Pandan yo t'ap vizite vil ki te sou wout yo, Pòl ak Silas te bay legliz yo kèk kopi lèt asanble lavil Jerizalèm nan te voye nan legliz lavil Antyòch la. Sa a te tou apiye ansèyman Pòl te montre nan lèt li te ekri moun Galasi yo, epi li te bay moun nan legliz yo fòs nan lafwa yo.

3. Lespri Te Gide Yo

Misyonè yo te deside pwolonje vwayaj yo a pou y'ale pi lwen pase legliz yo te deja vizite yo. Li sanble yo te panse preche nan pwovens Lazi a, ki gen kò lavil prensipal li Efèz. Men sepandan, Sentespri te defann yo preche la. Se petèt Sentespri ki te pale avèk yo nan yon sans dirèk, o byen posib li te sèvi ak yon pwofèt nan kèk legliz pou pale ak yo. Yo te obeyi lòd yo te resevwa a, epi yo te chanje lide sou wout la yo t'ale nan nò nan direksyon vil yo ki nan peyi Bitini a (gade yon kat). Yon lòt fwa ankò, Sentespri te detounen yo. Poutèt sa yo te mache rive peyi solèy kouche (oksidan), jouk rive Twoas, ansyen vil Twoas la.

Etan yo te lavil Twoas la konsa, Sentespri te gide yo yon lòt fwa ankò, fwa sa a se te yon fason pozitif. Pòl te fè vizyon sou yon nonm ki te rele l' pou l'al vizite lavil Masedwann, akòz sa, yo te anbake nan yon kannòt pou y'al Filipi, lavil sa a se nan kontinan Lewòp li ye. Lik t'ale avèk yo soti depi Twoas li te pran yon kannòt ansanm avèk yo.

4. Levanjil La Nan Lewòp

Yo te fè vwayaj pou soti depi Twoas ale Neyapolis sou wout nò a nan de jou. Neyapolis se Pò Filipi. Filipi se te yon vil Masedwann ki gen anpil enpòtans. Se te yon koloni wòm te bati pou solda ki te an retrèt yo, sa te bay vil la yon gran prestij.

Lè Pòl rive Filipi, kòm li te toujou gen pou koutim li preche moun Jwif yo an premye. Pat gen yon sinagòg. Sa montre ke pat genyen anpil kretyen Jwif nan Filipi, paske avèk sèlman diz Jwif yo te kapab tabli yon sinagòg. Lè pat gen moun sifi pou tabli yon sinagòg, Jwif yo te gen kòm koutim chache kèk lòt kote pou yo kapab adore Bondye. Se bò larivyè Filipi a yo te konn reyini. Pòl, Silas, Timote ak Lik yo te jwenn kote sa a e yo te preche fanm yo ki te reyini la mesaj delivrans Kris la. Premye mesaj levanjil la sa a ki te preche nan kontinan Lewòp la, Bondye te beni l'. Pami fanm ki te la prezan yo, se te Lidi, yon fanm ki te gen «krentif pou Bondye» (oswa, malgre li te moun lòt nasyon, li te konn adore Bondye Izrayèl la).

Li te konn vann twal koulè wouj ki te sèvi anpil nan klas sosyal lelit yo. Famn sa a te kwè, e li ak moun ki lakay li yo te batize l'. Li te ensiste pou misyonè yo te fè desant lakay li pandan yo te lavil Filipi a. Se konsa Bondye te fè apòt yo te itlize yon tèt plaj pou te tabli levanjil la nan peyi Lewòp.

KEKSYON SOU ETID LA

1. Dapre pasaj leson sa a, kisa Pòl ak Banabas te deside fè?
2. Nan kisa yo pat gen tèt ansanm?
3. Kòman Pòl ak Banabas te divize zòn yo te deja vizite yo?
4. Ki sak te pase lè yo rive List?
5. Poukisa Pòl te sikonsi Timote?
6. Poukisa Pòl ak zanmi kanmarad li yo t'ale nan peyi Twoas?
7. Ki sak te pase nan Twoas?
8. Kòman nou fè konnen Lik te ansanm ak gwoup la nan Twoas? (li Travay 16:6-10 avèk anpil swen).
9. Anba ki sikonstans levanjil la te preche pou premye fwa nan peyi Lewòp?
10. Fè yon deskripsyon premye moun nan peyi Lewòp ki te konvèti?

POU ETID SIPLEMANTE

1. Kòman Sentespri t'ap gide kretyen yo jodia?
2. Eske Bondye gen yon plas espesyal kote li vle ou fè travay li?
3. Kòmanse yon nouvo kat pou dezyèm vwayaj misyonè Pòl la, lokalize epi fè ilistrasyon sou tout kote yo mansyone yo.

CHAPIT 16

WA VA DELIVRE OU MENM . . .

Li Travay 16:16-40

KEKSYON POU PREPARASYON

1. Poukisa yo te mete misyonè yo nan prizon?
2. Kisa ki te rive etan yo te nan prizon an?
3. Kòman yo te delivre nan prizon an?

ENTWODIKSYON

Lèv nan lavil Masedwann nan te kòmanse depi okòmansman. Pòl ak Silas te rete la ap preche levanjil la pou yon bon ti tan.

1. Ti Fi Esklav La

Lik rakonte nou istwa sou yon tifi ki te nan lesklavaj seryezman. Premyèman, paske se yon esklav li te ye. Deja pou yonn, yon esklav pat gen okenn dwa pèsonèl, alò li te konplètman anba kontwòl volonte mèt li nan tout bagay. Tifi sa a se te pou yonn nan nèg yo ki te gen enterè pèsonèl li nan fè lajan. Dezyèman, li te gen yon move lespri sou li ki te fè l' fòl, se te yon bagay ki te rive anpil fwa nan epòk Kris la e apòt yo tou. Move lespri sa a te fè tifi a vin divinèz, e mèt li, nonm mechan an te sèvi ak li pou fè anpil lajan.

Pandan Pòl ak zanmi kanmarad li yo t'ap mache nan vil la konsa, yo te konn fè rankont ak tifi a plizyè fwa. Li tanmen swiv yo, li t'ap rele byen fò, «Mesye sa yo se Sèvitè Bondye ki anwo nan syèl la. Y'ap fè n' konnen chemen pou n' pran pou n' ka jwenn delivrans» (16:17). Lè Jezi tap ekzèse ministè'l sou tè a, move lespri yo te deklare l' li se Pitit Bondye a e l' te fè yo pe bouch yo. Move lespri yo se temwen ki pa itil anyen pou levanjil la. Tifi sa a ki t'ap pase yo nan rizib la pat ede apòt yo nan anyen, sèlman se te yon osbtak pou yo tou.

Yon jou konsa, Pòl t'ale sou tifi a epi li te pase move lespri a lòd pou l' soti sou li. Move lespri a te soumèt anba pouvwa non Jezikri a.

Touswit, tifi a te vin transfòme. Pase pou mèt li yo ta santi yo kontan, poutèt nanm ni ki te nan toumant la geri, yo te fache paske Pòl te retire sous komès fè lajan yo a. Yo te pran Pòl ak Silas, yo te kondwi yo devan otorite yo.

2. Jijman E Prizon An

Li trè difisil pou ta jwenn kèk jijman ki pi enjis pase sa yo te fè apòt sa yo. Tout akizasyon yo te prezante yo, se fo yo te ye. Yo pat pèmèt yo reponn pou defann tèt yo kont akizasyon sa yo. Menm foul moun yo t'ap rele kont yo e otorite yo te fè bat yo. Pètèt sa a se te yon ejzanp sou antisemis (moun ki rayi Jwif yo) ki te trè komèn nan gouvènman Women an.

Apre yo fin bat apòt yo byen bat, majistra yo te voye fèmen nan prizon kote yo te trete yo tankou kriminèl ki pi move. Yo te mete yo nan kacho pi fon nan prizon pou yo te ka gen plis kontwòl e sekirite sou yo, epi yo te mete pye yo nan chenn.

Se pa anyen sa si ou li Pòl ak Silas te trè dekouraje nan prizon an. Men se pa konsa sa te pase ditou. Menm lè l' te minwi yo t'ap chante kantik epi pandan tan sa a lòt prizonye yo t'ap koute avèk gran emosyon. Prizonye sa yo te diferan yo menm!

Pètèt Pòl ak Silas te panse lè yo mete yo nan prizon an se te yon anpèchman pou levanjil la. A vre di se Bondye ki te sèvi avè yo nan sikonstans konsa pou yonn nan moun li chwazi yo te ka koute levanjil la. Men nan rout difisil sa se Bondye ki t'ap gide yo. Etan misyonè yo te nan prizon an, kounye a Bondye te parèt nan yon tranblemann latè ki te rann prizonye yo lib. Sa louvri kè chèf prizon an pou l' te resevwa mesaj delivrans la nan bouch prizonye yo. Kòm efè anprizonnman Pòl ak Silas la, chèf prizon an ak tout famili li te konvèti. Kounye a, pase pou l' trete Pòl ak Silas tankou pi gwo kriminèl, chèf prizon an te mennen yo lakay li epi li te trete yo tankou vizitè ak gran respè ki fè desant lakay li.

3. Libète Yo Nan Prizon An

Petèt nan demen maten otorite yo te rann kont ke jijman yo te fè yon jou anvan an se te yon lenjistis li te ye. Antouka, yo te voye di chèf prizon an pou l' lage mesye yo epi pou l' mete yo deyò nan vil la. Men Pòl pat vle ale e kite sa konsa. Li te fè yo konnen se sitwayen Women yo te ye, epi yo pap sòti nan prizon an jouk lè majistra yo pa vin bay lòd pou lage yo. Imajine ki jan majistra yo te krent lè yo te tande sa! Sitwayen Women yo te gen anpil privilèj espesyal. Pòl te kapab ba yo gwo pwoblèm. Yo te vini ak tout bon sans yo, pèsonèlman pou lage Pòl ak Silas nan prizon an.

Poukisa Pòl te fè sa? Eske li t'ap chache yon senp revanj? Pòl te gen enterè nan lajistis. Bondye te bay otorite yo lòd pou yo pwoteje moun inosan yo, pa maltrete yo. Alò, Pòl pwofite opòtinite sa a pou fè dirijan yo sonje reskonsablite yo nan yon fiti pou yo pa maltrete lòt moun konsa ankò.

Apre misyonè yo te tounen lakay Lidi, pou bay li menm ak lòt kretyen yo kouraj, yo te sòti y'ale Filipi pou kontinye travay evanjelik yo a nan lòt rejyon Masedwann nan. Men Lik te rete nan Filipi e li pat retounen jwenn ak Pòl sinon jouk nan twazyèm vwayaj misyonè a.

KEKSYON SOU ETID LA

1. Ki bagay ki mal tifi esklav la te genyen?
2. Kòman mèt li yo te itilize li?
3. Kòman li t'ap deranje travay Pòl la?
4. Kisa Pòl te di move lespri a?
5. Ki akizasyon mèt li yo te fè kont Pòl ak Silas?
6. Ki jan yo te trete Pòl ak Silas?
7. Kòman yo te konpòte yo nan prizon an?
8. Kisa tranblemann tè a te kòz?
9. Poukisa chèf prizon an te prèske touye tèt li?
10. Poukisa Pòl te bay dwa sitwayen Women l' valè?
11. Kisa chèf yo te fè apre sa?

POU ETID SIPLEMANTE

1. Mete evennman ki pase nan leson sa yo nan kat w'ap fè a.
2. Ekri yon dram sou yon pyès teyat ki baze sou evennman nan Travay 16:16-18 yo.
3. Poukisa yon kretyen dwe kontan lè y'ap pèsekite l'?

CHAPIT 17

POU BONDYE NOU PA KONNEN AN

Li Travay 17:1-34

KEKSYON POU PREPARASYON

1. Nan ki fòm jalouzi a te kòz pwoblèm nan lavil Tesalonik?
2. Kòman moun Bere yo te resevwa levanjil la?
3. Ki tip temwayaj Pòl te bay Atèn?

ENTWODIKSYON

Lè yo te fòse Pòl ak Silas pou yo sòti kite lavil Filipi a, yo t'ale nan lòt peyi solèy kouche pou kontinye evangelizasyon Masedwann nan. Kòm Pòl te genyen koutim ale nan vil ki gen plis enpòtans yo epi li preche nan yo. Depi yo etabli yon legliz, li te kapab etann li nan rejyon ki te pwòch ak li yo epi konsa tou Pòl te kapab sèvi avèk tan ak tout fòs li pou pote levanjil la bay nan lòt nouvo rejyon yo.

1. Nan Tesalonik

Tesalonik te gen yon distans tankou sanswasant kilomèt bò solèy kouche Filipi. Se yon vil enpòtan ki te yon kote estratejik. Yon ti tan apre yo te tabli yon legliz la, Pòl te ekri yon lèt nan sa li te di. «Konsa, nou fè anpil moun rive konnen mesaj Senyè a. Se pa sèlman nan Masedwann ak nan Lakayi, men se toupatou moun ap pale jan nou gen konfyans nan Bondye. Se sa ki fè, nou pa bezwen pale sou sa ankò» (I Tes. 1:8). Enfòmasyon sa a pa pale sou konfyans kretyen nan Tesalonik yo sèlman, men tou li montre sa ki te pase byen vit toupatou. Tesalonik se yon vil gen enpòtan anpil pou evanjilize.

Pòl te kontinye menm koutim li te genyen a itilize sinagòg Jwif yo pou kòmanse travay li. Li te pase twa sanmdi yonn dèyè lòt ap pale nan li, epi kèk Jwif ak Grèk te kwè. Lik pale sou twa senmenn sa a sèlman epi pita li kòmanse rakonte pèsekisyon Jwif yo te leve deyè´l. Men Pòl, nan lèt li te ekri a, te fè sonje ke li te fè yon travay ak pwòp men li pami yo «Nou chonje, frè m' yo, jan m' te travay, jan m' te fatigue kò m' ap travay lajounen kou lannwit pou m' pat sou kont nou yonn pandan tout tan mwen t'ap anonse nou bon nouvèl Bondye a» (2:9). Sa fè wè ke li rete la pou yon bon tan. Lèt li a fè wè tou, li te anseye tout doktrin yo sou konfyans, epi pa gen asirans pou di li te fè tou sa nan twa senmenn sèlman.

Siksè misyon li a te pote yon oposizyon fò bò kote Jwif yo, yo menm ki te kòz yon pwotès, yo peye «kèk vakabon e nèg mechan» pou yo te ka ede yo. Kòm yo pat jwenn ni Pòl ni Silas, yo te pran Jazon, paske se lakay li Pòl te fè desant, epi yo te mennen li devan chèf yo.

Se te yon fo akisayon yo te fè kont kretyen yo. «Mesye sa yo ap aji kont lalwa Seza: y'ap di gen yon lòt wa yo rele Jezi» (Tra. 17:7). Yo te dekri apòt yo tankou moun k'ap fè dezòd toupatou» (17:6). Yo byen di en! Lemonn te «tèt anba» akòz peche lezòm; men pou enkredil yo sitiyasyon sa a te sanble yon bagay nòmal. Se konsa lè levanjil la te mete bagay yo nan plas yo korèkteman, li sanble ke li te boulvèse lemonn. Afimasyon sa a akizatè yo te fè a se te yon rekonesans li vin tounen pou levanjil Kris la, e pou mesaj apòt yo.

Li te nesesè pou Jason ak lòt mesye yo te peye yon kòsyon. Asireman yo te depoze lajan an epi byen posib ki te pèdi paske te gen yon lòt eskandal parèy ki te leve, tou sa pou kòz lafwa kretyèn nan. Disip yo te voye Pòl ak Silas ale Bere nan nwit, yon bouk ki pi piti, men ki pa twò lwen.

2. Nan Bere

Apòt yo te preche nan sinagòg Bere a san yo pat dekouraje pou sak te pase nan vil Tesalonik la. Yo te resevwa yo isit la nan yon fason trè diferan. Jwif Bere yo te trè emosyone pou jan apòt yo te esplike yo Ansyen Testaman an, epitou yo te kòmanse ap etidye Ekriti yo pou yo te ka jwenn laverite mesaj kretyen an.

Nouvèl siksè Pòl ak Silas Bere a pat pran anpil tan pou l' rive lavil Tesalonik. Jwif yo yo menm pat dakò pou yo senpleman fè apòt yo soti lavil Tesalonik la, yo te vini Bere tou epi yo te fè dezòd ak moun nan zòn nan. Li sanble li te ijans pou dezòd la te repete lavil

Tesalonik la. Alò, kretyen yo—Senyè a te beni misyon apòt yo nan ti bouk Bere a—yo te voye Pòl lavil Atèn abò yon kannòt.

3. Nan Atèn

Silas ak Timote te rete nan bouk Bere a lè Pòl te pati. Men lè moun Bere yo ki te akonpaye Pòl jouk lavil Atèn te dispoze pou yo tounen lakay yo, Pòl te mande yo pou yo te di Silas ak Timote, pou yo jwenn avèk li lavil Atèn.

Grèg yo te genyen yon relijyon politeyis, osinon, yo te gen anpil bondye. Jouk jounen jodia nou pale sou «Panteon Grèg la» (Panteon vle di «fanmi fo dye»). Alò nan tout vil grèg yo te gen anpil zidòl ak tout klas lotèl. Se konsa sa te ye nan vil Atèn nan. Pandan Pòl t'ap pwomennen nan vil la, li wè anpil lotèl sa yo, li pat ka reziste ak bouch li ret fèmen, li te pale avèk pèp Atèn nan sou pakèt fo dye yo a. Pòl te jalou anpil pou lonè Bondye tout bon an, Papa Jezikri a. Li pat kapab wè lèzòm ap adore lòt fo dye yo.

Temwayaj Pòl t'ap bay chak enstan an te rive nan zòrèy kèk gran filozòf lavil Atèn yo. Atèn pou kont pa l' li te konsidere tèt li li menm kòm premye sant kilti a, epi «se te abitid tout moun lavil Atèn ak tout moun lòt nasyon ki te rete nan lavil la, pou yo pase tout tan yo ap pale osinon ap koute tout kalite pawòl ki fèk parèt» (17:21). Filozòf yo te mennen Pòl devan Ayewopaj, tribinal lavil la te louvri tout bò lib. Li sanble se te sant ki te sèvi pou diskisyon filozofik yo. La a nan plas sa a filozòf yo te mande Pòl pou l' esplike yo ansèyman l' la.

Mesaj Pòl la te montre tout bon konpran e kapasite li genyen pou l' adapte mesaj li a nan nivo moun k'ap koute l' yo. Lè li pale ak Jwif yo, li te sipoze ke moun k'ap koute l' yo te konnen Ansyen Testaman an; men sak pase isit la li t'ap pale ak moun lòt nasyon, konsa li pat oze itilize Nouvo Testaman an. Se konsa li te kòmanse mesaj la l'ap pale sou kreyasyon an, li fè konnen Bondye ki gen pouvwa e ki kontwole tout bagay yo, yo pa fè imaj taye pou reprezante l'. Pòl te sèvi ak istwa pèp Izrayèl pou preche levanjil la nan sinagòg yo; isit la li te kòmanse pou fè moun Atèn yo santi enpòtans ki genyen sou moniman ki leve nan non «yon bondye yo pa konnen an». Sepandan, kwak li te kòmanse mesaj li l'ap pale sou bagay moun k'ap koute l' yo te kapab byen apwouve, sa pat kontrarye mesaj li a nan anyen. Se konsa li prezante yon levanjil san tach. Li te deklare moun yo ke Bondye kounye a mande yo pou yo tounen vin jwenn li, epi se avèk Kris la Bondye pral jije lemonn, e leve Kris soti vivan nan lanmò a se siy jijman k'ap vini an.

Reyaksyon mesaj li a pat fè gran kichòy. «Lè yo te tande Pòl di moun mouri yo ka leve, te gen ladan yo ki pran pase l' nan betiz. Gen lòt menm ki t'ap di li: Na tande koze sa yon lòt jou» (17:32). «Pou moun lòt nasyon yo levanjil sa a se bagay moun fou» (I Korent. 1:23). Sepandan sa pat anpeche kèk moun kwè, pou ale pi lwen, menm yonn nan manm Ayewopaj yo. Kwak «Pa gen anpil nan nou ki gen bon konprann dapre sa lèzòm rele bon konprann, pa gen anpil grannèg, ni anpil moun gran fanmi» (I Ko.1:26), sepandan Bondye gen moun pa li yo gaye nan chak nivo nan sosyete a. Konsa, se yon devwa pou preche levanjil la bay tou lèzòm, kit rich kit pòv, moun gwo repitasyon tankou moun enkoni yo.

KEKSYON SOU ETID LA

1. Fè yon deskripsyon sou predikasyon Pòl la nan lavil Tesalonik, di sou kisa l' te preche, ki kote, e pou konben tan.
2. Kisa efè misyon apòt yo te pote nan lavil Tesalonik?
3. Ki akizasyon yo te fè kont apòt yo?
4. Fè yon konparezon ant Jwif nan bouk Bere yo ak Jwif lavil Tesalonik yo?
5. Poukisa Pòl te sòti kite bouk Bere a?
6. Ekri ou menm tout diferant tip aktivite Pòl nan lavil Atèn.
7. Poukisa yo te mennen Pòl nan Ayewopaj la?
8. Kòman Pòl te fè pou l' kenbe atansyon moun Atèn yo sou sa l' t'ap di yo?
9. Nonmen senk verite sou Bondye Pòl te mansyone nan mesaj li a.
10. Kòman reskonsablite lòm gen avèk Bondye a te afekte, poutèt vini Kris nan lemonn? (Gade Travay 17:30 e Wòm 3:25,26).
11. Kòman Pòl te relasyone rezireksyon Jezi a avèk jijman?
12. Ki repons yo te bay pou mesaj Pòl la?

POU ETID SIPLEMANTE

1. Make evennman yo ki pase nan chapit sa a nan kat gewografik ou a.

2. Ki leson nou aprann sou reskonsablite nou genyen anvè pwochen nou nan aktivite Pòl te reyalize nan lavil Atèn nan?

3. Pawòl Pòl yo nan Travay 17:22, kapab entèprete tankou «Mwen wè nou se moun ki trè relijyez» o «. . . trè sipèstisye». Esplike kisa ou panse li vle di, epi poukisa?

CHAPIT 18

NOU PA VLE NOU INYORE

Li I ak II Tesalonik

KEKSYON POU PREPARASYON

1. Kisa ki baz istorik Tesalonik 1 ak II?
2. Poukisa Pòl te ekri lèt sa yo?
3. Ki doktrin yo anseye nan lèt sa yo?
4. Ki konsèy Pòl bay nan lèt sa yo ki enseye kòman kretyen dwe viv chak jou?

ENTWODIKSYON

Lè Pòl te wè fòk li soti nan lavil Tesalonik poutèt pèsekisyon Jwif yo, li te pati pou l'al Bere a kote moun yo te byen resevwa lèv li a. Malgre sa, Jwif Tesalonik yo te swiv li jouk rive nan bouk Bere, epi yo te fòse li abandonnen l' ankò. Nan bouk Bere a, Pòl te kontinye jouk li te rive lavil Atèn. Men enkyetid li te genyen pou kretyen lavil Tesalonik yo te fè l' voye Timote tounen Masedwann pou wè kòman yo te ye. Lè Timote tounen kot Pòl avèk bòn nouvèl sou legliz Tesalonik la, Pòl te ekri lèt sa yo.

1. Dat E Kote

Premyè lèt la tankou dezyèm lèt pou moun lavil Tesalonik yo te ekri yo depi nan vil Korent, lè Pòl te fè dezyèm vwayaj misyonè li, ant lane 50 ak 53 yo d.C (apre Kris).

2. Entansyon

Pòl te ekri lèt sa yo avèk entansyon pou ankouraje moun lavil Tesalonik yo nan lafwa kretyèn, pou pale yo sou dezyèm retou Kris la, epi enstwi yo nan lavi kretyen an dwe mennen chak jou.

3. Plan o Desen an

I Tesalonik

Chapit

II Tesalonik

Chapit

4. Sa Li Gen Ladann (Konteni An)

Tèm Prensipal

Lèt yo Pòl te ekri moun lavil Tesalonik yo rele yo kèk fwa lèt sou dènye bagay yo paske yo pale sou evennman nan dènye jou yo anpil. Prèske anpil fraz nan toulede lèt sa yo gen referans ki bay sou dezyèm retou Kris la ak jijman k'ap vini an. Gen pasaj enpòtan tou kote Pòl pale egzakteman sou tèm sa a menm. Frè nan lavil Tesalonik yo t'ap panse sou sak kapab rive kretyen ki te deja mouri yo. Pòl te fè yo konnen ak fèm asirans lè Kris la va retounen, moun mouri yo ki te mete konfyans yo nan li pral leve soti vivan, nan lanmò epi y'ap fè yonn ak li anwo anlè a. Apre sa, nou menm ki va vivan toujou lè sa a, y'ap vin pran nou menm ansanm ak Kris ak moun ki soti vivan nan lanmò yo.

Nan I Tesalonik 5:1-11 Pòl pale sou keksyon ki lè dezyèm retou Kris pral rive. Li fè moun lavil Tesalonik yo sonje dezyèm retou sa a se pa yon bagay yo kapab bay yon dat egzat. Kris ap vini, se pa lè lòm rete ap tann ni, men l'ap vini tankou yon vòlè lannwit. Nan II Tesalonik 1:6-10 Pòl pale sou moun yo k'ap pèsekite kretyen yo. Li pale avè pawòl sevè sou jijman Bondye a ki pral vini sou yo. Nou dwe konnen ke nan dezyèm retou Kris la se pa va sèlman yon tan rejwisans ak benediksyon pou pèp Bondye a. Men se va yon tan pou jijman ak pinisyon tou pou moun yo ki te leve kont Bondye ak legliz li a.

Epi, nan II Tesalonik 2:1-12, Pòl bay esplikasyon sou «mechan an», ki rele «antikris» la tou. Kèk nan kretyen lavil Tesalonik te pè e yo te gen dout si li deja leve vivan. Men Pòl te fè yo konnen dezyèm retou Kris la pa ta fèt, jouk tan «mechan an» pa parèt. Antikris sa a pral fè tèt li pase pou Bondye. «Lè sa a, mechan an va parèt. Senyè Jezi va soufle ak bouch li sou li, la touye li. L'ap annik parèt nan tout pouvwa li pou l' fini nèt ale ak li» (2:8). Sa pa fè anyen jan mechan an gen fòs la, yo pap janm kapab reziste devan pouvwa Bondye a.

Lòt Doktrin yo

Malgre Pòl te fè yon misyon ki reyèlman kout nan moun lavil Tesalonik yo, sepandan li te kapab fè yo rive nan yon bon konprann sou doktrin kretyèn an. Akòz lèt li yo, li te bay referans sou anpil doktrin. Li pale sou Bondye, chwa divin nan, lè Bondye rele tout bon, konvèsyon an, afè viv apa a, epi sou dezyèm retou Kris la ak dènye jijman an.

Pòl te fè konnen nan toulede lèt yo travay Bondye nan delivrans pèp li a. Kòm moun lavil Tesalonik yo se nan men Pòl yo te resevwa predikasyon levanjil la, li menm tou li konnen se Sentespri ki te fè travay li nan kè yo. Li te sèten se Bondye ki te chwazi yo pou li menm menm. Pòl di (1 Ts.5:9): «Paske Bondye pat chwazi nou pou nou te tonbe anba kòlè li, men pou n' te ka delivre, gremesi Jezikri, Senyè nou an, ki te mouri pou n' te ka viv ansanm ak li». Epi nan 2 Tesalonik 2:13, li tounen fè yo sonje se Bondye ki te chwazi yo pou yo kapab delivre, pou yo kapab viv apa pa Lespri, e pou gen konfyans nan verite a.

Bagay Pratik yo

Pòl pat janm satisfè avèk sèlman ansèyman doktrin kretyèn nan. Bi li se pat pou lèzòm te gen konesans sèlman sou laverite Bondye a, men tou pou laverite sa a te fè yon chanjman nan lavi yo. Kretyen nan lavil Tesalonik yo t'ap viv nan yon sosyete kote divòs ak limoralite seksyèl se te pwoblèm ki te gen premye plas nan lavi yo. Donk se pou sa, Pòl te egzòte yo anpil sou tèm sa yo, e li te mande pou yo viv ak kè kontan ak mari yo e madanm yo (1 Ts. 4:1-8).

Yonn nan pi gwo demonstrasyon relijyon kretyèn nan, se renmen fratènèl la. Moun lavil Tesalonik yo te deja demontre yo gen renmen sa a pou yonn ak lòt. Pòl te fè yo konnen yo dwe kontinye montre renmen sa a pou pwochen yo, e pou yo ogmante l' (1 Ts. 4:9-10).

Pòl te mande frè yo apre sa, pou yo pran distans yo ak moun k'ap fè parès yo, se pou yo travay fidèlman dapre sa Bondye te mande yo pou yo fè. Te toujou egziste danje nan sa nou panse nan levanjil la tankou yon bagay ki konplètman divòse ak travay kotidyen. Men Pòl pat janm panse l' konsa. Yonn nan sans yon kretyen tout bon genyen, se fè travay Bondye te ba l' pou l' fè a. Nan II Tesalonik Pòl vle ogmante tèm sa a. Sa sanble kèk frè te mal konprann ansèyman Pòl la sou dezyèm retou Kris la. Yo panse Kris ap vini vit konsa yo ka sispann travay, e yo lage kò yo nan fè parese. (2 Ts.3:10).

5. Konklizyon

Lèt sa yo te ekri pou moun ki te nouvo nan konfyans yo, sa sèvi pou fè legliz la sonje nan ki fòm Pòl te travay. Otan li te evanjelis tankou mèt tou. Li pat sèlman rele lèzòm pou fè Kris konfyans, men li te anseye yo sou li. Kwak sa, Pòl se te yon pastè tou. Se te yon gran dezi li te genyen pou moun ki te konvèti nan lèv li a, ta viv yon vi k'ap bay Jezikri lonè e glwa, li menm y'ap sèvi a.

KEKSYON SOU ETID LA

1. Nan ki dat, e depi ki kote Pòl te ekri Liv 1 e 2 Tesalonik yo?
2. Ki entansyon ki te motive l' ekri lèt sa yo?
3. Selon I Tesalonik 1, poukisa Pòl te rann Bondye gras pou moun lavil Teslonik yo?
4. Gade I Tesalonik 2, e di kòman Pòl te konpòte l' pandan lèv li a pami moun lavil Tesalinik yo?

5. Selon I Tesalonik 3, ki sikonstans ki te motive korespondan sa a ant Pòl ak moun lavil Teslonik yo?
6. Kisa Pòl di sou maryaj la? (I Ts. 4)
7. Ki sak pral pase lè Kris va retounen dezyèm fwa a (I Ts. 4:13ss)?
8. Kilè Kris ap vini? (I Ts. 5)
9. Si nap tann Kris la, ki kalite lavi nou dwe mennen? (I Ts. 5)
10. Ki sak pral pase moun yo k'ap pèsekite kretyen yo? (II Ts. 1)
11. Ki evennman k'ap pase anvan Kris retounen?
12. Kisa Pòl te di sou parese yo? (II Ts. 3)

POU ETID SIPLEMANTE

1. Kisa retou Kris la pral fè nan lavi mwen?
2. Nan ki fòm doktrin kretyèn diferan sou afe rezireksyon an, sou lide nanm moun pap mori ankò (imòtalite)?
3. Pouki sa Pòl te fè moun Tesalinik yo konnen ki moun Bondye chwazi sove yo se pa lagras yo sove?

CHAPIT 19

ANPIL MOUN NAN VIL SA A

Li Travay 18:1-28

KEKSYON POU PREPARASYON

1. Ki efektifite lèv Pòl la te gen lavil Korent konsa?
2. Ki kote Pòl t'ale apre li te soti lavil Korent?
3. Ki lòd Apolòs te resevwa lavil Efèz?

ENTWODIKSYON

Fidèlite pwedikasyon levanjil la nan mache Atèn nan te prepare yon envitasyon pou pale ak filozòf yo ki te reyini nan Ayewopaj la. Pifò nan filozòf sa yo te refize mesaj Pòl la, kwak gen kèk ladan yo ki te kwè wi. Pòl te vin abandonnen Atèn, e li t'ale lavil Korent. De vil sa yo te gen anpil diferans. Lavil Atèn nan se te sant kilti Grèk la ak ansèyman. Korent se te pò a, li te gen gran repitasyon nan tout gouvènman wòm nan akòz imoralite li.

1. Lèv Lavil Korent la

Nan lavil Korent, Pòl te rekonèt Akilas ak madanm ni, Prisil. Moun sa yo te fèk soti Itali lè Jwif yo mete deyò nan vil Wòm nan. Menm jan tankou Pòl, travay yo se te fè tant antwal. Pòl te fè desant lakay yo, e li te travay ansanm ak yo pandan li t'ap preche levanjil lavil Korent la. Li te konn asiste sèvis Lesamdi nan sinagòg yo, epi li te konn preche Jwif yo sou Kris. Apre yon bon tan konsa, «Jwif yo pran kenbe tèt avèk li, yo t'ap joure l' . . . », paske yo te gen tan pat vle tande levanjil la ankò, Pòl «te souke pousyè ki te sou rad li, epi li di yo: si nou peri, se nou ki chache li. Se pa fòt mwen. Depi kounye a m'ap vire kò m' bò kot moun ki pa Jwif yo» (v.6). Pòl te sispann ale nan sinagòg la, e li te preche levanjil la nan kay Titris Jistis, kay li te tou kole ak sinagòg la. Se pa tout Jwif yo ki te refize mesaj la. Krispis, chèf sinagòg la, ak tout fanmi li e anpil lòt moun te kwè tou.

«Yon jou lannwit, Pòl te fè yon vizyon. Li wè Senyè a ki di li: Ou pa bezwen pè, se pou ou kontinye pale. Pa fèmen bouch ou, mwen la avèk ou. Pèsonn pap ka mete men sou ou pou fè ou anyen. Gen anpil moun ki pou mwen nan lavil la» (v.9-10). Sa sanble nou yon ti jan etranj pase kounye a, lè nou li li pat gen okenn pèsekisyon, Pòl te bezwen pawòl ankourajman bò kote Senyè a. Lapè se pa yon bagay nou santi sèlman nan moman gwo danje yo. Pòl pa gen diferans ak nou nan sans sa a. Nan moman nou bezwen plis sekou, Bondye ban nou l'.

Vizyon an, te sèvi kòm preparasyon pou pèsekisyon ki pat manke anpil tan pou vini an. Lè Galyon, ki te gouvènè antre, Jwif yo te prezante devan l' ak yon akizasyon kont Pòl. Sepandan Galyon pat satisfè demann Jwif yo, pouki li te konprann yo pat akize Pòl paske li te dezobeyi kèk lwa Womèn, sinon senpleman paske li te ofanse Jwif yo nan zafè relijyez yo. Lè li te fè desizyon nan pou l' pa fè akizasyon Jwif yo ka. Sa te sèvi yon bòn opòtinite pou Grèg yo montre rayisab yo kont Jwif yo. Sostèn, li menm byen posib yo te nonmen chèf sinagòg la apre Krispis te konvèti nan levanjil la, yo te kapte l' anfas palè gouvènman an e yo te bat li byen bat. Kwak sa, gouvenè a pat menm fè sa ka.

2. Apre Korent

Apre Pòl fin pase plis ke yon lane edmi nan lavil Korent, li te di frè yo orevwa epi li t'ale. Li te mennen Akilas ak Prisil avèk li, li kòmanse vwayaje pou tounen lavil Siri. Anvan l' te soti nan Sankre, ki te pò Korent la, li te raze cheve l' paske li te fè yon ve. Kwak Pòl li menm ki apòt moun lòt nasyon yo, te opoze bagay konsa lè Jwif yo t'ap fòse moun lòt nasyon yo pou yo obeyi lalwa Moyiz la. Sepandan li menm, pou rezon pèsonèl li, li pat panse l' nesesè pou l' pat kenbe tout koutim yo e pratik pèp li yo.

Pandan Pòl t'ap pase, li te rete lavil Efèz e li te preche nan yon sinagòg Jwif. Jwif yo te gen anpil swaf pou konnen plis sou levanjil la, akòz sa tou, yo te mande Pòl pou l' rete plis tan avèk yo. Li pat posib pou Pòl rete plis, men li te pwomèt yo l'ap tounen nan yon dat pa twò lwen. Li te kite Prisil ak Akila la pou yo te ka kontinye preche levanjil o anseye moun ki te kwè yo.

Pòl te navige jouk Sezare, kote li te monte lavil Jerizalèm pou di legliz la bonjou. Li te tounen Antyòch peyi Siri kote li te kòmanse e fini vwayaj misyonè l' yo. Li pat rete nan vil Antyòch la pou anpil tan, lè l' te pati pou yon lòt vwayaj ankò. Menm jan tankou nan dezyèm vwayaj li a, li te pase rejyon yo sou zòn nò peyi Galasi ak peyi Friji, epi apre li te tounen lavil Efèz a pyè.

3. Apolòs Lavil Efèz

Apre Pòl te soti lavil Efèz, te gen yon Jwif moun Aleksandri ki rele Apolòs ki te rive nan vil sa a, epi li te kòmanse montre moun yo. Se te yon nonm ki konn pale byen. Li te kwè nan Ekriti yo, men li pat konnen mesaj konplèt Senyè Jezikri a. Li te konnen sèlman mesaj Jan Batis te preche a. Men tout menm sa li te konnen an se sa l' te preche. Alò, Prisil ak Akilas te rive tande li lè l' te nan lavil Efèz; lè yo te wè l' pat konnen sifi, yo te anseye l' sou Senyè Jezikri ak levanjil li t'ap preche a. Avre di, Apolòs sanble li te yon nonm saj tout bon, paske nou wè li te dakò pou kèk pòv ki konn fè tant, li te kite yo anseye l'.

Apre sa, Apolòs te deside li te pi bon pou li pase nan rejyon Akayis la. Petèt li te panse apre li gen tan preche mesaj Jan Batis la nan lavil Efèz, li pral difisil pou pèp la konprann poukisa l'ap preche yon lòt mesaj ki pi konplèt kounye a. Li pote yon lèt frè lavil Efèz yo bay frè lavil Korent, Apolòs t'al nan vil sa a, e legliz la te resevwa li. Li te preche mesaj li te aprann nan men Akilas ak Prisil la, epi konsa li te sèvi la nan legliz Jezikri a anpil.

KEKSYON SOU ETID LA

1. Ki diferans ki genyen ant Atèn ak Korent?
2. Poukisa Pòl te mete l' ansanm avè Akilas e Prisil?
3. Ki jan Jwif yo te aji anfas ansèyman Pòl la?
4. Ki kote Pòl te kontinye lèv li lavil Korent la?
5. Kòman Bondye te ankouraje Pòl?
6. Kòman Galyon te aji anfas akizasyon Jwif yo te fè sou Pòl la?

7. Kòman yo te resevwa Pòl nan vil Efèz
8. Fè yon lis annòd, sou kote Pòl te vizite yo depi li te soti lavil Efèz la (18:21), jouk rive nan retou li (19:1).
9. Ki lòd Apolòs te resevwa nan lavil Efèz?
10. Ki bon siksè Apolòs te gen konsa nan lavil Korent?

POU ETID SIPLEMANTE

1. Kisa travay Pòl t'ap fè tant la te montre nou konsènan travay misyonè li a?
2. Ki leson nou kapab aprann sou lavi Akilas ak Prisil?
3. Pwiske Bondye kounye a pa pale ak nou nan vizyon ankò? Eske nou menm nou kapab resevwa menm anakourajman sa yo Pòl te resevwa nan men l' nan?
4. Konplete kat dezyèm vwayaj misyonè a.

CHAPIT 20

GRAN ATEMIS MOUN LAVIL EFEZ YO

Li Travay 19

KEKSYON POU PREPARASYON

1. Poukisa Pòl te batize disip li te jwenn lavil Efèz yo ankò?
2. Ki siksè lèv Pòl la te genyen lavil Efèz?
3. Kisa ki te fè moun lavil Efèz yo fè tapaj?

ENTWODIKSYON

Se petèt nan prentan lane 54 d.c. (apre Kris), lè Pòl te soti Antyòch peyi Siri a nan twazyèm vwayaj misyonè l' la. Li te vwayaje sou wout nò a, li te vizite legliz lavil Galasi yo ankò. Apre sa li kontinye sou zòn solèy kouche jouk li rive lavil Efèz, donk li te pwomèt pèp la l'ap tounen. Li te monte lavil Efèz apre Apolòs te soti al lavil Korent.

1. Disip Rebatize Yo

Yon ti tan apre Pòl te rive lavil Efèz, li te jwenn yon gwoup disip ki pat gen lafwa yo konplèt. Se mesaj Jan Batis la yo te konnen sèlman. Nou pa ka di avèk presizyon, si se lè yo te lavil Palestin yo te tande Jan ap preche, o si yo te tande mesaj sa a nan bouch Apolòs. Men paske yo pat konnen Jezi ki Kris la, yo pat resevwa Sentespri. Pòl te esplike yo Kris te vini, e li te batize yo alò nan nom Jezi. Se sèl ka sa nou jwenn nan Nouvo Testaman koye kèk kretyen te batize de fwa. Posibleman Pòl te batize yo paske yo pat ankò resevwa Sentespri a, tankou premye kretyen yo jou Lapannkòt la. Lè Pòl te poze men l' sou yo, yo te resevwa Lespri. Yo te pale anlang epi yo te pwofetize, menm jan tankou disip yo nan jou Lapannkòt la e kretyen nan kay Kònèy yo. Selon, sa l' sanble, kado espesyal sa yo Sentespri bay yo a se te yon remak komen pou premye kretyen jou sa yo.

2. Misyon Nan Lavil Efèz La

Pòl te gen menm pwoblèm li te toujou genyen avèk Jwif yo nan lavil Efèz. Kwak yo te gen bòn dispozisyon pou koute l' yon ti tan, men apre kèk nan yo te kòmanse demanti li e yo t'ap pale kont «Chemen an». Se pou sa, Pòl te kòmanse reyini avèk kretyen Jwif yo nan lekòl Tiranis la. Gen kèk dokiman ki di ke Pòl te itilize Salon sa a depi onzè (11) jiska sèzè (16), sa a se te lè yo konn repoze nan lavil Efèz la.

Lik pa pale anpil sou misyon Pòl la nan lavil Efèz. Pòl te pase prèske twazan la. Li trè posib ke Pòl te dwe fè fas yon opozisyon fanatik, paske li te ekri moun lavil Korent yo li te «goumen yon jan tankou ak bèt fewòs nan lavil Efèz» (I Korent 15:32). Sepandan gen kèk enfòmasyon nan istwa Lik la ki montre siksè lèv Pòl la.

Bondye te bay Pòl yon pouvwa ki depase tout lòt pouvwa òdinè pou fè mirak yo nan lavil Efèz. Sa te fè foul moun yo ret sezi. Men li te atire yo menm kèk Jwif anbilan tou ki t'ap di yo genyen pouvwa pou chase move lespri. Pitit Seva yo te vle chase yon move lespri epi yo sèvi ak non «Jezi Pòl ap fè konnen an» (v.13). Men sa yo te jwenn kòm rekonpanse se pi ankolè yo te fè move lespri a vin ankòlè sou yo epi pou chape poul yo yo te oblije kouri pran lafwit byen wont.

Kwak entansyon sa a pitit Seva yo te genyen pou itilize non Jezi tankou yon pouvwa maji ak fetich pou chase move lespri a, te fè yon gran efè nan geri moun malad. Te gen anpil moun ki te konfese peche yo e yo te fè yon boukan kote yo te boule liv maji yo. Rezilta tout bagay sa yo te bay la se paske te gen yon ogmantasyon mèveyèz nan pouvwa levanjil la «Se konsa pawòl Bondye a t'ap gaye avèk pouvwa, li t'ap montre fòs li» (v. 20).

3. Dega A

Se konsa lè Pòl te panse pou l'ale lavil Efèz, te gen yon dega ki te pete. Efèz se yon sant kote yo konn adore yon bondye fanm ki rele Atemis. Atemis sa a, se pat dye moun nan pwovens yo toujou mansyone nan mitoloji a. Atemis lavil Efèz la se bondye latè li te ye, lotè lavi a ak kè kontan. Tanp li se lavil Efèz li te ye, men sepandan yo te adore li nan tout teritwa gouvènman Women an.

Ofèv Efèz yo t'ap fè yon bon komès, lè yo fè imaj bondye a ak kay li a. Men amezi levanjil la t'ap grandi, moun ki te konn achte imaj sa yo t'ap vin mwens. Yonn nan yo, Demetriyis, te reyini tout moun ki konn fè metye sa a epi li te akize Pòl ap kraze komès yo a e l'ap ensilte gran bondye fanm nan. Se te yon nonm abil Demetriyis te ye. Li fè tout ofèv yo fè yon dezòd san li menm li pat patisipe ladan l'.

Ofèv ki t'ap fè tapaj yo te gen anpil enflyans sou moun nan bouk la. Byen posib se te pandan fèt prentan an nan lonè Atemis bondye fanm nan, lè Demetriyis te fè tapaj ak dezòd sa a. Li te trè fasil nan jou sa yo pou rasanble anpil moun avèk rèl «Atemis moun Efèz yo se gran nègès» Touswit tout vil la ankè te gen tan gen dezòd. Foul moun yo te ranpli tribinal minisipal la nèt, yon gwo kay ki te gen kapasite pou kenbe 25,000 moun.

Kwak moun yo te anpile yo nan tribinal la pou yon «asanble minisipal», yo pat kapab fè anyen. Yo pat kapab jwenn Pòl. Pòl te vle prezante tèt li nan tribinal la pou pale avèk foul moun yo, men zanmi l' yo te anpeche l' fè sa konsa. Jwif yo voye yonn nan yo devan yon chèf yo te rele Aleksann pou pale. Byen posib li ta pral di moun yo, ke Jwif yo pat gen anyen ki konsène avèk kretyen sa yo. Men lè foul la te wè se Jwif moun yo te ye, yo te pete yon dezòd ki te tèlman gran li pat kapab di anyen. Deja pou yonn, moun lavil Efèz yo pat renmen Jwif yo.

Grefye tribinal la te resi kalme moun yo, e li te repwoche yo, pou movèz kondwit yo a. Li te esplike pou yo fè konnen pat gen pèsonn ki te pase sou okenn lwa. Pa gen ka akizasyon blasfème kont bondye fanm nan. E si ta gen yon akizasyon ki pou prezante, yo kapab pote l' devan tribinal lavil la, ki t'ap fonksyone. Konsa Demetriyis ak zanmi kamarad li yo ta kapab itilize tout mwayen legal yo pou regle zafè yo. Li ranvwaye pèp la, e yo te soti lakomin nan san fè yon ti bri. Li trè entesan pou wè nan dat sa a, otorite yo Women yo generalman te prèske toujou anfavè legliz la. Men se jouk pita nou wè pouvwa Wòm an te leve yon pèsekisyon kont legliz la.

KEKSYON SOU ETID LA

1. Ki kalite disip Pòl te konnen pita apre lè li te rive lavil Efèz?
2. Ki lòd Pòl te pase yo?
3. Kisa ki te pase lè batèm yo a?

4. Kisa Pòl te fè lè kèk Jwif te refize mesaj li a?
5. Ki siksè misyon Pòl la te gen lavil Efèz?
6. Kisa pitit Seva yo te vle fè? Epi, ki sak te pase yo?
7. Ki rezilta ensidan pitit Seva yo te genyen?
8. Nan ki fason Demetriyis te fè ofèv yo fè dezòd?
9. Fè deskripsyon dezòd la ou menm.
10. Nan ki fason grefye a te dispèse moun yo?

POU ETID SIPLEMANTE

1. Kòmanse yon kat pou twazyèm vwayaj misyonè Pòl la.
2. Anplwaye referans swivan yo; demontre resanblans ki genyen ant misyon Pyè a ak pa Pòl la: Travay 3:1-10; 5:12-16; 8:14-24; 9:36-43; 10:44-48; 12:6-11; 13:4-12; 14:8-11; 16:15-31; 19:1-7; 19:11-12; 20:7-12.
3. Ki leson pratik nou aprann sou Travay 19:18-20.
4. Nan ki fòm leson sa a montre nou pafwa Bondye itilize Satan pou grandi wayonm li.

CHAPIT 21

NAN LEGLIZ BONDYE A NAN KORENT

Li I ak II Korent

KEKSYON POU PREPARASYON

1. Kisa ki baz istorik lèt sa yo?
2. Ki pwoblèm Pòl te trete nan I Korent?
3. Poukisa Pòl te pase anpil tan ap diskite sou misyon li, nan 2 Korent?

ENTWODIKSYON

Pòl te pase yon lane edmi nan lavil Korent nan dezyèm vwayaj misyonè l' la. Pifò nan manm legliz ki te devlope laba a se moun ki te soti nan moun enpi yo. Sa pat dwe siprann nou pou anpil pwoblèm ki te leve nan kominote kretyèn sa a.

1. Kote ak Dat

Pòl te gen konesans sou pwoblèm lavil Korent yo pandan li t'ap travay lavil Efèz nan twazyèm vwayaj misyonè l' la, sa pase prèske nan lane 55 d.C. (apre Kris). Se lè sa a li te ekri premyè lèt pou moun lavil Korent yo. Dezyèm lèt pou moun lavil Korent li te ekri li pli omwens nan lane 56 d.C. (apre Kris), nan kèk kote lavil Masedwann (posibleman depi Filipi) pandan li ta pral nan vwayaj lè li te sòti lavil Efèz pou ale lavil Korent la.

2. Entansyon

Pòl te resevwa enfòmasyon kondisyon lavil Korent la sou moun nan kay Kloye yo, yonn nan fanmi nan legliz lavil Korent la. Li te resevwa yon lèt kèk kretyen moun lavil Korent yo te voye mande li konsèy sou kèk bagay tou. Li te ekri I Korent avèk entansyon pou trete pwoblèm yo epi pou reponn keksyon yo ki te rive jwenn li. Nan tout sa Pòl te di yo, li te fè konnen ke difikilte yo ka rezoud, si yo rekonèt Jezi kòm Senyè a.

Apre Pòl te soti lavil Efèz, li te resevwa lòt nouvèl sou rezilta premyè lèt la e sou evennman ki te pase apre sa. Enfòmasyon sa yo te pouse Pòl ekri liv 2 Korent la. Entansyon lèt sa a se te pou fè konnen inosans epi defann lèv apostola li. Se yon bagay ki klè kèk moun lavil Korent te refize apostola Pòl la, epi yo doute sou entansyon lèv li a. Kwak te gen kèk fraz remèsiman nan dezyèm lèt li a pou akèy moun lavil korent yo te bay lide l' yo e pou jan yo te obeyi yo, sepandan, sak te enterese l' plis la se te pou reponn moun ki t'ap akize l' yo.

3. Plan (o Desen An)

I Korent Chapit

1. Pwoblèm yo sou:

2. Keksyon yo sou:

II Korent

4. Sa li gen Ladan l' (Konteni an)

Pwoblèm Yo

a. Pwoblèm fondamantal nan legliz lavil Korent la, se twa yo te ye:

b. Te gen divizyon pami frè yo;

c. Te gen yon ka imoralite kite parèt ouvètman e ki t'ap kòntinye; Frè nan legliz lavil korent yo te konn al fè plent kont yonn pou lòt devan otorite sivil yo. Opinyon Pòl la sou chak pwoblèm sa yo repoze sou lide ki di Senyè Jezikri, li pa sèlman Sovè nou men li se Mèt nou tou.

Lè l' pale sou pwoblèm divizyon yo, li fè konnen ni Pòl ni Pyè, ni Apolòs, yo yonn pa gen enpòtans. Okenn moun pa dwe konsidere tèt li kòm patizan yonn nan nèg sa yo. Ni okenn moun pa dwe vante tèt li non plis, pou tèt li se moun Kris la. Kòm si li ta vle mete Kris nan yon pozisyon pou opoze moun yo k'ap sèvi li yo. Tout okontrè; Kris se tout bagay. Se li menm ki baz la, kote tout travay kretyen yo fonde. Konsa tout fidelite nou se pou li, e pou li menm sèl. Kote ki gen fidelite sa a pa egziste okenn danje ki pou divize legliz la nan plizyè pati, sa vle di pou yo pran pèsonalite lidè yo kòm sant.

Akòz divizyon sa yo ki te leve nan legliz lavil Korent la, sa sèvi kòm prèv pou wè kretyen nan legliz lavil Korent yo pat ankò grandi espirityèlman. Se poutèt sa, Pòl te di yo, «Men, frè m' yo, pou di vre, mwen pat kapab pale ak nou tankou ak moun ki gen Lespri Bondye a nan kè yo. Mwen te oblije pale ak nou tankou ak moun k'ap viv dapre lide ki nan lemonn, tankou ak moun ki timoun toujou nan konfyans yo nan Kris la. Mwen te oblije montre nou ti bagay tou senp, tankou lè yo bay timoun piti lèt, yo pa ba yo gwo manje. Paske nou pat ankò pare pou sa. Ata koulye a, nou poko pare. Paske n'ap viv tankou moun k'ap viv dapre lide ki nan lemonn toujou. Depi ou tande gen jalouzi nan mitan nou, depi nou gen kont yonn ak lòt, nou tou wè se moun lemonn nou ye, se tankou moun k'ap viv dapre lide ki nan lemonn lan n'ap viv» (I Korent 3:1-3). Moun nan legliz lavil Korent yo te bezwen

94

grandi nan Kris, nan tèl mannyè pou yo ta reyèlman rekonèt otorite li nan tout aspè nan lavi yo.

Si Kris vrèman se Senyè a, pa ta dwe gen imoralite nan legliz li. Deja pou yonn, nou wè te gen yon ka fonikasyon ki te parèt nan menm legliz la, Pòl egzòte moun nan legliz Korent yo pou mete moun ki komèt peche sa a an disiplin, avèk espwa li kapab korije tèt li. Yo pa dwe kite li pran kominyon nan legliz la, konsa pou l' pa konwonpi tout legliz la. Kwak kretyen yo dwe viv ansanm ak moun mechan isit nan monn nan, men legliz Kris la pa dwe bay moun k'ap viv nan peche yo plas.

Pòl te atake jijman sivil yo pami frè yo nan menm fason sa a. Li di moun Korent yo konsa, sonje gran privilèj ou genyen yo. «Se konnen nou pa konnen nou gen pou n' jije ata zanj Bondye yo tou? Se pa ti bagay k'ap pase sou latè sa a pou n' pa ta kapab jije» (I Korent 6:3). Lè diferans yo vin leve pami frè yo nan koze sou latè a, pwoblèm sa yo dwe solisyone ant kretyen ak kretyen, e zafè a pa dwe rive devan otorite sivil. Pòl di, Li toujou pi bon, pou nou soufri pèd lenjistis pou byen nou ak dwa nou yo, pase pou nou nye Kris kom Senyè a, jis pou nou ta pote zafè nou devan otorite payen yo.

Keksyon Yo

Apre Pòl fin rezoud pwoblèm fanmi Kloye a te prezante devan l' yo, li pase nan keksyon yo kretyen legliz Korent yo te poze l' nan lèt yo te voye ba li a. Premyèman, li te abòde tèm maryaj la. Nan anbyans moun ki pa moun Bondye yo lavil Korent la, ansèyman kretyen sou maryaj la te dwe sanble l' kòm yon tèm trè etranj e sevè. Kretyen nan legliz Korent yo te gen yon lis keksyon sou maryaj, e Pòl te reponn yo yonn pa yonn. Nan tout ka sa yo, Pòl li menm li te pran ansèyman Senyè Jezikri sou maryaj ki di se pou tout tan kòm gid konseye li. Se yon inyon kote de moun remèt tèt yo yonn bay lòt san yonn pa gen anyen ankachèt pou lòt. Pòl ensiste di se pou lide sa a rete nan tèt yo menm lè bagay yo sanble yo enposib. Menm lè yonn nan manm yo pa kretyen, moun ki kwè a dwe fè tou sa ki posib pou kenbe maryaj la entèg. Akòz kèk pwoblèm ki te gen konsa nan anpil moun legliz korent yo, Pòl te konseye yo pita, li pi bon pou jenn moun ki poko marye yo te rete san yo pa marye. Li pat di sa tankou yon kòmandman. Men nan sa li ensiste plis, se lè yo te antre nan eta maryaj la, yo te dwe konpli l' fidèlman avèk reskonsablite yo pran an.

Yon lòt keksyon ki te leve sou sikonstans lavi nan legliz Korent la, se te si yo dwe manje o pa dwe manje vyann yo te ofri bay zidòl. Nan vil sa a, ki tèlman gen anpil tanp fò bondye yo, prèske tout vyann yo t'ap vann yo se te vyann ki te deja ofri kòm sakrifis bay kèk zidòl. Gen kèk frè konsyans yo pat pèmèt yo manje vyann sa yo. Men sepandan, te gen kèk lòt ki te manje l' avèk yon konsyans pwòp. Epi sa te vin kreye yon gran pwoblèm pami de gwoup kretyen sa yo. E nou wè yon fwa ankò Pòl te bay solisyon an sou baz prensip espirityèl yo. Sak pi enpòtan se relasyon moun avèk Bondye yo. Alò, chak frè ta dwe fè sèlman sa pwòp konsyans li pèmèt li fè. Epi sak kapab manje vyann yo te ofri zidòl yo ta dwe pran swen pou yo pa ofanse konsyans frè ki pi fèb la, e sak fèb yo pa dwe jije konsyans sak pi fò yo, si l' kapab manje yon vyann konsa. Yo dwe aplike prensip sa yo sou tout pwoblèm kondwit nan kote kretyen yo gen diferans epi sou sa yo Labib pa etabli lòd espesifik.

Te gen de gran keksyon ki te parèt nan panse moun nan legliz Korent yo sou jan yo dwe adore Bondye. Yonn nan yo se te konsènan ki pozisyon fanm dwe genyen nan legliz la, e lòt la se te sou ki fòm ki pi bon pou selebre Soupe Senyè a. Nan premyè a, Pòl fè moun Korent yo sonje Bondye te fè fanm pou anba lòd lòm. Sa pa vle di lòm pi bon pase fanm, men Bondye te fè fanm pou li sèvi lòm konpay; se menm jan tou Kris, li menm ki menm jan tankou Bondye Papa, li te fè l' vin Sèvitè Bondye pou li te ka nan tèt plan redanmsyon Bondye a. Donk se pou sa, Pòl li menm ensiste se gason ki dwe dirije sèvis adorasyon an, epi fanm yo dwe respekte otorite sa a Bondye bay lòm nan, epi mete anba lòd sa a.

Konsènan Soupe Senyè a, Pòl te fè fas ak yon trè move sitiyasyon. Anvan yo kòmanse sèvis Soupe a, moun Korent yo te genyen koutim reyini pou manje manje yo rele *amou* (agape), oubyen fèt renmen. Malgre sa te byen reprezante yon fòm mayifik pou esprime kominyon ki egziste pami frè yo, sepandan sa se yon bagay ki te trè diferan nan legliz lavil Korent la. Chak moun te pote manje pa l' li menm. Moun rich yo te konn manje ansanm, epi moun pòv yo yo menm te konn manje apa pou kont yo. Kèk moun te konn rete grangou epoutan lòt yo te razazye manje vant deboutonnen o pou byen di ou yo te bwè jouk yo sou. Apre sa, ni rich ni pòv pat gen yonn ki te nan yon kondisyon ki diy tankou pou selebre Lasèn Senyè a. Pòl mete anpil enpòtans sou zafè diy pou apwoche bò tab Senyè a. Anvan nou patisipe nan Soupe Senyè a, nou dwe egzamine nou menm menm pou nou gen fèm asirans si kondisyon kè nou ak lespri nou bon pou nou kapab manje kò bwè san Senyè Jezikri a nan Soupe a.

Moun nan legliz Korent yo te gen keksyon sou fason korèk pou itilize kado espirityèl yo. Apa kado Bondye te bay pèp li a depi tout tan an, te gen kèk kado espesyal Sentespri te bay, tankou pouvwa pou pwofetize o pouvwa pou pale anlang, li te bay legliz primitiv la. Kèk moun lavil Korent, t'ap sèvi ak kado sa yo nan pwofi pèsonèl yo, epi akòz rezon egoyis yo. Moun lavil Korent yo te vle gen kado pi devlope yo, antèl ka pale anlang. Pòl te ensiste pou l' fè yo konnen kado ki gen plis valè yo pou yon kretyen se sa ki pote benefis pou tout moun. Kòm pati repons li sou pwoblèm sa a, Pòl te ekri chapit popilè la 13 nan I Korent ki tankou yon kantik sou renmen. Chapit sa a se yon eskalye trè enpòtan nan opinyon Pòl te devlope a. Pòl fè entwodiksyon chapit la lè l' di, «Men, mwen pral montre nou yon jan ki bon nèt. Pa gin pase li» (I Korent 12:31). Epi nan fen chapit 13 la li di: «Chache gen renmen nan kè nou. Men, se pou nou chache gen kado Sentespri bay yo tou. Chache gen don pou fè n' konnen mesaj ki soti nan Bondye yo» (I Ko. 14:1). Dezi nou genyen pou don espirityèl yo se renmen ki dwe motive li, e se renmen ki dwe gide nou nan kado Bondye bay yo. Bondye pa bay kado li yo endividyèlman pou moun ka itilize yo pou byen pèsonèl yo, men se pou byen legliz la. Fòk yo toujou sèvi avè yo nan entansyon sa a.

Chapit 15, I Korent la, se esplikasyon pi konplèt la nou te ka jwenn nan tout liv nan Nouvo Testaman an konsènan sou leve Kris vivan nan lanmò a e kretyen yo. Pòl fè nou wè klèman enpòtans Kris genyen nan delivrans pou peche nou yo, e li pale nou sou sak pral rive kretyen yo lè Kris retounen e mò yo pral leve soti vivan nan tonbo yo.

Kolèt La

Pòl bay lòd nan toulede lèt li yo sou zafè lakolèt la pou frè nan lavil Jerizlèm yo. Li te enkyete anpil pou moun lavil Korent yo pat anreta nan zafè sa a. Paske yo te gen tan pwomèt y'ap bay, e Pòl te vle asire yo ta konpli avèk pwomès yo. Se poutèt sa, espesyalman nan dezyèm lèt li a, li te egzòte yo pou yo swiv egzanp Kris la «Paske nou konnen ki favè Jezikri, Senyè a, fè nou. Li menm ki te rich, li fè tèt li tounen pòv pou nou. Konsa, lè l' fè tèt li tounen pòv la, li fè nou rich» (II Korent 8:9).

Apostola Li A

Pifò nan dezyèm lèt li a, li dedye l' pou fè yon deskripsyon sou misyon Pòl la, e sou defans apostola l' la. Pòl te mete anpil fòs sou espresyon kote li fè konnen li se yon minis Jezikri, «Konprann sa byen, se pa tèt pa m' m'ap fè nou konnen: men se Jezikri, Senyè a, m'ap fè nou konnen. Mwen menm mwen di nou se sèvi m'ap sèvi nou pou tèt Jezi» (4:5). Nan Chapit 5:17-20, Pòl bay yon bèl rezime sou mesaj li te preche a.

«Si yon moun ap viv nan Kris la, li vin yon lòt moun. Bagay lontan yo disparèt, se lòt bagay nèf ki pran plas yo kounye a. Tou sa soti nan Bondye ki fè nou vin zanmi avè l' ankò, gremesi Kris la. Se li menm tou ki fè m' konfyans, ki ban m' travay sa a pou mennen lèzòm vini byen avè l' ankò. Paske nan Kris la, Bondye t'ap fè tou sa li te kapab pou moun vin byen avè li ankò. Li pat gade sou peche lèzòm te fè. Se li menm ki mete mwen la pou fè lèzòm konnen ki jan l'ap fè yo byen avè l' ankò. Se sak fè mwen pale ak nou se Kris la ki te voye m', tankou si se Bondye menm k'ap pale nan bouch mwen pou di nou: tanpri, nan non Kris la, tounen vin byen ak Bondye ankò».

KEKSYON SOU ETID LA

1. Kisa ki te pase ki fè Pòl te motive pou ekri lèt sa yo?
2. Ki dat lèt sa yo te ekri, e ki kote yo te ekri?
3. Ki entansyon I Korent an? II Korent an?
4. Kòman Bondye konsidere bon konprann monn sa a? (I Korent 1:18s).
5. Ki atitid kòrèk yon kretyen dwe genyen anfas fo relijyon yo? (I Korent 10:14s)

6. Poukisa Bondye te bay plizyè diferan don pou kretyen diferan?
7. Poukisa leve Kris soti vivan nan lanmò enpòtan?
   (I Ko. 12:12s)
8. Ki sak pral pase kretyen yo lè Senyè Jezikri tounen?
   (I Ko. 15:20s, 50s)
9. Kòman kretyen yo dwe bay pou Senyè a? (2 Ko. 9:6s)
10. Itilize II Korent 11:16 ak vèse swivan yo kòm baz epi fè yon deskripsyon sou ki kalite lèv Pòl te gen.

POU ETID SIPLEMANTE

1. Eske se vre I Korent 1-4 montre ke sa pa bon pou gen tout dominsayon sa yo?
2. Ekri yon mesaj kòm ki gen 200 mo pi piti, sou tèm: Aplikasyon ansèyman Pòl la sou vyann yo ofri zidòl yo; kèk pwoblèm modèn, pa egzanp, asistans nan yon sal sinema.
3. Poukisa yo pa pèmèt timoun yo patisipe nan Soupe Senyè a?

CHAPIT 22

BONDYE GEN POUVWA
POU DELIVRE NOU

Li Wòm

KEKSYON POU PREPARASYON

1. Ki baz istorik liv Wòm yo genyen?
2. Kisa Liv Wòm montre sou kondisyon lòm devan Bondye?
3. Kisa Liv Wòm montre sou delivrans la?
4. Kisa Liv Wòm montre sou devwa kretyen yo?

ENTWODIKSYON

Lèt pou legliz lavil Wòm an parèt kòm premyè epit Pòl yo nan Labib nou. Li te parèt konsa se pa paske se li ki te ekri an premyè, ni paske legliz lavil Wòm an se li ki pi enpòtan nan tout lanpi a non. Liv Women an enpòtan espesyalman pou jan li prezante l' delivrans Bondye prepare pou nou atravè Jezikri a.

1. Dat ak Moun li Ekri yo

Pòl te vle vizite lavil Wòm depi lontan. Li te ekri lèt sa a kòm preparasyon yon vizit li te panse fè byen vit. Petèt li te ekri liv la diran prentan lane 58 o 59 d.K. (apre Kris), prèske nan fen twazyèm vwayaj misyonè li, lè l' te dispoze pote ofrann legliz Masedwann ak Lakayi yo nan legliz Jerizalèm nan.

Pòl pat janm anko ale lavil Wòm. Kòman, donk li te ka fòme legliz nan vil sa? Legliz katolik Womèn an di se apòt Pyè ki te fonde l', men gen anpil dout sou sa toujou. Nan Wòm 15:20 Pòl deklare li te gen prensip li, pou l' pat travay okenn kote lòt apòt te gen tan travay deja. Gen kèk evanjelis ki kwè legliz lavil Wòm nan se kèk Women ki te konvèti nan jou Lapannkòt la ki te fonde li; gen kèk lòt moun ki panse se kèk lòt moun ke Pòl te konvèti nan tan pase ki te fonde l', epi kounye a y'ap viv lavil Wòm. Gen anpil posiblite pou toulede kalite moun sa yo ansanm te fòme legliz lavil Wòm nan e legliz sa a te grandi akòz moun sa yo ki te konvèti e ki te bay moun ki bò kote yo temwayaj sou sa.

2. Entansyon An

Pòl te ekri lèt sa a avè entansyon pou prezante l' nan yon fòm sistematik e pou eklere doktrin kretyèn nan sou delivrans la. Tèm lèt la nou jwenn ni nan Wòm 1:17, «Paske bòn nouvèl sa a fè nou wè ki jan Bondye fè nou gras. Travay sa a, li kòmanse ak konfyans moun gen nan Bondye, li fini nan menm konfyans la tou, jan sa te ekri a: Moun Bondye fè gras paske li gen konfyans nan Bondye, se li menm ki va gen lavi».

3. Rezime

Wòm   **Chapit**

4. Sa li genyen ladan l' (Konteni an)

Nan Katechis Heidelberg la, yo te prezante levanjil la divize nan twa pati: Peche a, Delivrans la, ak Sèvis. Twa divizyon sa yo te soti dirèkteman nan lèt Wòm yo e nou kapab konsidere epit sa a nan twa tit o tèm sa yo.

Peche a

Apre kèk kòmantè entwodiksyon Pòl te fè, li te kòmanse lèt li a nan yon sans l'ap montre tout moun anba peche. Moun lòt nasyon yo te koupab nan inikite, paske yo te rete lwen yon sèl Bondye vivan an, li menm yo te konnen nan tan pase, men kite l' kounye a y'ale dèye fò bondye yo fè ak pwòp men yo menm. Akòz inikite yo sa fè Bondye pèmèt yo tonbe anba anpil gwo peche. Nan yon lòt kote, Jwif yo te koupab poutèt yo te konn ap pran pòz yo pa janm fè sa ki mal. Epi yo t'ap vante tèt yo di yo gen lalwa Bondye; men yo pat janm obsève lalwa sa a. Alò, menm si yo te gen plis moral e yo te pi relijyez pase moun lòt nasyon yo, yo te koupab menm jan tankou yo. Pòl fini ak entwodiksyon an ak yon kondannansyon e li di: «Nou konnen egzijans lalwa se pou moun ki anba lalwa. Konsa, pa gen eskiz ki pou soti nan bouch pèsonn: tout moun antò devan Bondye. Se pa paske yon moun fè sa lalwa a mande kifè li inosan devan Bondye. Poukisa? Paske lalwa annik fè nou konnen sa nou fè a pa bon» (Wòm 3:19-20).

Delivrans La

Pòl pat fè deskripsyon sa a sou eta pechrès lòm nan sèlman pou l' kite l' san espwa. Tout okontrè, li siyale lajistis Bondye a, ki ka aplike pou tout moun sa yo ki kwè nan Senyè Jezikri a. Kwak lòm pa kapab inosan senpleman ak lalwa, men li kapab inosan devan Bondye pa lafwa nan Jezikri. Pou apwouve lajistis Bondye a vini palafwa nan Kris, Pòl te bay egzanp Abraram nan. Nonm sa a te deklare li se yon moun inosan devan Bondye, se pa paske li baze nan fè sa ki byen, ni paske li te sikonsi, sinon paske li te fè Bondye konfyans (Jenèz 15:6). Pou l' apwouve nou ke lajistis nou bezwen an se sa Kris bay la, Pòl te fè yon konparezon ant obeyisans pafèt Kris la nan sa ki fè yon moun merite lajistis, ak dezobeyisans Adan ki te fè limanite antyè tonbe nan peche. «Si dezobeyisans yon sèl moun lakòz yon foul moun fè peche, konsa tou obeyisans yon sèl moun lakòz Bondye va fè anpil moun gras» (5:19).

Lajistis sa a Kris te bay la, pat sèlman fè lòm vin aseptab devan Bondye e kite l' viv nan peche pita. Se tout afè kontrè, paske moun mete konfyans yo nan Kris, yo kaba ak peche ki nan yo a. Y'ap viv nan obeyisans Bondye. Men tout otan nou gen lavi nan monn sa a, nati pechrès la rete nan nou. Lè nou li lalwa Bondye, e nou analize nan li lavi nou, nou jwenn n'ap kraze lalwa kòmandman Bondye yo chak fwa. Diferans ki genyen ant yon moun ki kretyen e yon moun ki pa kretyen, pa egziste nan pwen pou di moun ki kretyen an pa yon pechè, men sinon moun ki kretyen an pa vle kraze lalwa Bondye. Nou kapab di menm jan tankou Pòl, «Mwen pa fè byen mwen vle fè a, men mwen fè mal mwen pa vle fè a» (7:19). Men Bondye pa pèmèt peche monte sou nou nan yon fòm konstant. Malgre Kris sove nou, li ban nou Sentespri li, ki viv anndan kè nou. Lespri a pouse nou pou nou renmen bagay Bondye yo. Li rann temwayaj, nou se pitit Bondye. Li montre nou lapriyè, e li lapriyè pou nou tou. Men kwak sa ankò, prezans Sentespri a se pa nan sa benediksyon Bondye yo fini. Espwa a rete la toujou san bouje, ke yon jou nou va transfòme e na resevwa laglwa pitit Bondye a. Lè Pòl fini li di, «Si Bondye pou nou, kilès ki ka kont nou? . . . Paske, mwen genyen lasirans anyen pa ka fè nou pèdi renmen Kris la gen pou nou: ni lanmò, ni lavi, ni zanj Bondye yo, ni lòt otorite ak pouvwa ki nan syèl la, lòt bagay ki la jodia, ni sa ki gen pou vini pita, ni pouvwa ki anwo nan syèl la, ni pouvwa ki anba tè a. Non. Pa gen anyen nan tout kreyasyon Bondye a ki pa janm fè nou pèdi renmen Bondye fè nou wè nan Jezikri, Senyè nou an» (8:31, 38-39).

Nan Wòm chapit 9-11, Pòl te pale sou tèm Izrayèl la, nasyon pèp Bondye te chwazi nan Ansyen Testaman an. Li esplike Bondye te refize Izrayèl, paske Izrayèl te derefize tande mesaj levanjil lagras la. Men li pat vle jete yo nèt ale. Menm Pòl li menm tou, te rete avèk anpil lòt kretyen Jwif yo, sa se te prèv la sa. Antouka, Pòl te pwomèt Bondye gen pou l' kontinye montre gras li an favè Jwif yo. Malgre yo te pèdi plas preferans yo kòm pèp Bondye, gen kèk nan yo k'ap antre, palafwa, nan legliz la. Moun leglis yo se pèp Bondye nan Nouvo Testaman an.

Sèvis La

Nan kat denyè chapit liv la, Pòl prezante aplikasyon yo ki pratik pou levanjil Jezikri a. Li fè yon apèl pou fè pèp Bondye konnen li dwe viv ansanm nan renmen, sèvi yonn lòt itilize don Bondye te ba yo pou byen legliz la. Li kenbe la l'ap pèsiste fè yo konnen yo dwe soumèt anba gouvènman sivil, paske se Bondye ki te mete gouvènman sa a pou byen lèzòm. Pòl te rekonèt gen kèk moun ki fèb nan konfyans, se sak fè li te di frè ki fò yo pou yo resevwa sa ki fèb yo, pou yo kapab ede yo grandi nan gras Kris la. «Nou menm ki fò nan konfyans nou nan Bondye, se pou nou ede sa ki fèb yo pote felès yo. Nou pa dwe ap chèche sa ki fè nou plezi sèlman. Okontrè, se pou nou chak chache fè frè parèy nou plezi pou byen l', konsa na fè l' grandi nan konfyans li nan Bondye» (15:1-2).

Epit liv Wòm an fini avèk kèk komantè nati pèsonèl sou plan yo Pòl ap panse pou reyalize nan tan k'ap vini, epi avèk salitasyon pou kèk moun li te konnen byen, nan legliz la.

KEKSYON SOU ETID LA

1. Kilè e pouki moun liv Wòm te ekri?
2. Kòman legliz Wòm an te fonde?
3. Ki entansyon Pòl te genyen lè l' te ekri lèt sa a?
4. Kisa Pòl di sou moun lòt nasyon yo? (1:18 s.)
5. Kisa Pòl di sou Jwif yo? (2)
6. Kòman Bondye fè pou bay lòm yon fòm pou l' soti nan peche? (3:21s.)
7. Kòman Abraram te rive inosan devan Bondye e poukisa travay sa te gen anpil enpòtans? (4)
8. Kòman Bondye te rekipere echèk peche Adan an? (5:12s.)
9. Ki rezilta ou jwenn le ou kwe nan Kris la? (6)
10. Kisa lalwa fè pou kretyen yo? (7)
11. Kisa Sentespri fè pou kretyen yo? (8)
12. Pouki sa Bondye te vire do bay pèp Izrayèl? (10:14s)
13. Bay yon lis sou 5 devwa kretyen yo anvè pwòp frè yo nan lafwa, e anvè legliz la. (12)
14. Di twa devwa kretyen yo genyen etan sitwayen. (13)
15. Nan ki sans nou dwe trete kretyen yo ki gen diferans ak nou menm? (14:13s.)

POU ETID SIPLEMANTE

1. Ki enpòtans Wòm te genyen nan Refòm Pwotestan an?
2. Pòl te montre nou se konfyans nou ki fè nou inosan, e se Kris ki fè nou inosan. Ekri yon paragraf pou pi piti ak 150 mo pou esplike kòman de konsepsyon sa yo gen relasyon.

CHAPIT 23

TOUT KONSEY BONDYE A

Li Travay 20

KEKSYON POU PREPARASYON

1. Ki kote Pòl te ale apre l' te soti lavil Efèz?
2. Ki sak te pase nan vil Twoas
3. Kisa Pòl te di granmoun Efèz nan lavil Milè?

ENTWODIKSYON

Pòl te pase twazan ap fè yon travay misyonè ki t'ap pote anpil fwi lavil Efèz. Nou kapab wè se bon siksè travay Pol la ki koz dezòd Demetriyis ak zanmi kanamarad ofèv li yo te fè a. Apre tout bagay te vin kalm, Pòl ak zanmi kanmarad li yo te abandonnen lavil Efèz la, menm jan yo te planifye a. Nan jou sa yo Pol te fè plan pou anpil tan. Li fè pwojè pou l' pase pa Masedwann ak Lakayi, epi apre pou vwayaje lavil Jerizalèm. Apre li fin vizite lavil Jerizalèm li te gen entansyon pou l' ale Wòm.

1. Masedwann Ak Lagrès

Apre Pòl soti Efèz, li te pase sou zòn nòdwès pou rive Masedwann. Li te vizite legliz li te fonde yo, e li te egzòte yo «avèk anpil pawòl» (20:2). Se sak ta montre ke vwayaj la se pat yon vwayaj li t'ap kouri prese fè l', osinon li te pase anpil tan kote sa yo. Byen posib Pòl te vizite kèk vil nan vwayaj sa a kote li pat ale anvan. Lè l' te di moun Wòm yo li te gen tan preche levanjil la «jouk nan peyi Iliri» (Wòm 15:19) sa vle di, depi lavil Jerizalèm rive jouk sou fontyè kote yo rele jounen jodia Jigoslavi, pwobabman li t'ap pale sou twazyèm vwayaj li a.

Apre Pòl fin travèse lavil Masedwann nan, li te kontinye sou zòn nan Sid, pou ale Lakayi. La a li te vizite legliz lavil Korent la. Se depi la a tou li te ekri moun lavil Wòm yo. Apre Pòl pase twa mwa lavil Korent, li te panse navige dirèteman pou ale Lazi. Men li te dekouvri Jwif yo te planifye pou fè yon atanta kont lavi li, donk nan kou sa Pòl ak kanmarad li yo te chanje plan yo e yo te retounen Masedwann, se la yo te pran yon batiman pou ale Filipi kèk jou apre fèt Pak la. Yo te vwayaje ale jouk Twoas, kote yo te pase yon senmenn.

Etich

Etich se sèl nèg nan istwa a ki te genyen anpil popilarite poutèt li te dòmi nan legliz la. Se te yon dimanch swa, epi kèk nan disip lavil Twoas te reyini pou koute Pòl ki t'ap preche paske li te gen pou l' pati apre demen. Mesaj Pòl la te long anpil nan okazyon sa a, paske li te preche jouk rive minwi konsa. Kretyen yo te reyini nan yon chanm wòt, te gen anpil lanp limen ladan otan pou klere tankou pou chofe l' tou. Yon jenn gason yo rele Etich te chita sou rebò fennèt la, kote li te kapab pran ti van frèch; men chalè mele ak frechè a lanwit te avanse anpil pou li. Li te kite fè ti kabicha dòmi pran'l nèt ale. Li sitèlman dòmi, li pèdi ekilib, li soti nan twazyèm etaj la li tonbe anba, li te mouri frèt. Ala yon fason trajik vizit Pòl la te fini en! Men Pòl li menm te resevwa pouvwa Bondye pou rekipere lavi Etich la. Apre sa kretyen yo te fè yon sèvis kominyon epi yo te kontinye pale ansanm jouk devanjou, lè sa a Pòl ak zanmi kanmarad li yo te di yo orevwa e li kite yo l'ale.

Lè yo soti Twoas, batiman an te gen pou woule sou yon seri prèkil, epi yo jete lank yo Asòs. Kwak se te yon vwayaj ki long pa lanmè, e ki te kout patè. Pòl te gen kèk rezon li pa di poukisa li te deside soti Twoas pou ale Asòs, malgre li te pase tout lannwit la ap pale, pandan zanmi kanmarad li yo t'a prale nan batiman.

Nan Milè

Pòl te monte abò batiman an Asòs e yo kontinye vwayaj la nan direksyon pou ale nan Sid nan pò kòt Lazi, Minè, yo te fè eskal plizyè kote. Etan la, Pòl te deside pou l' pa tounen Efèz, paske l' pat vle pèdi tan. Li t'ap prese, li te vle wè si l' te ka rive Jerizalen pou jou Lapannkòt la, e sèlman li te manke mwens ke yon mwa.

Men antan li rive Milè batiman an te kochte la pandan plizyè jou pou chaje e dechaje. Konsa tou, Pòl te voye yon mesajè al di ansyen yo vin wè l' Milè. Yo te toujou avèti l' plizyè fwa sou danje ki t'ap tann ni Jerizalèm, e li te konnen trè byen li pa t'ap gen tan tounen wè moun Efèz yo ankò. Donk li te vle, pwofite moman an pou l' fè ofisye legliz Efèz yo sonje devwa yo ak reskonsablite y'ap genyen depi kounye a.

Pawòl Pòl te di ansyen yo se sa sèlman ki anrejistre kòm mesaj pou kretyen yo. Nan mesaj sa a, Pòl te louvri kè li bay mesye sa yo, moun ki t'ap fè menm travay misyonè parèy yo a. Li te pale yo sou travay misyon li t'ap fè nan mitan yo pandan twazan lavil Efèz. Li te preche fidèlman tout konsèy Bondye yo, non sèlman an piblik men nan yon fòm prive de kay an kay tou. Li pat siprime okenn pati nan levanjil la avèk entansyon pou l' ta ka gen senpati lèzòm yo, osinon li ba yo mesaj lagras Bondye nan Kris la konplèt. Pandan l' t'ap fè travay sa a, se tant li te konn fè pou soutni lavi l'. Konsa pa gen pèsonn ki kapab akize l' te vle rich nan preche levanjil.

Pòl te fè yon revizyon sou tout lèv li pou ansyen yo te ka pran l' kòm egzanp. Yo ta dwe fidèl nan travay y'ap fè pou Kris la, se pa pwòp enterè ekonomik, men paske gen moun ki bezwen levanjil la.

Apre sa, Pòl te depoze reskonsablite legliz lavil Efèz la dirèkteman sou zepòl ansyen sa yo. Li te avèti yo danje yo va gen pou fè fas—andeyò pèsekisyon—e anndan fo pwofèt yo. Li te ba yo konsèy pou yo fè atansyon lavi espirityèl yo e legliz la. Bondye te ba yo lòd pou sèvi kòm evèk, osinon, sipèvizè. Yo dwe pran swen legliz la tankou gadò yo ki pran swen mouton yo. Yo dwe siveye pou wè si legliz la nouri sèlman ak pawòl la ki soti san tach nan Bondye. Devwa sa a Pòl te ba yo a li te gran anpil, epi se yon devwa ki pase nan men ansyen yo nan legliz Kris la depi nan tan lontan. Menm jan li te lage gwo chaj sa a nan men yo a, se menm jan tou, li kite lagras Bondye a pou yo tou. Lè Bondye travay nan kè lezòm se konsa tou li ba yo kapasite pou konpli avèk reskonsablite li te ba yo a.

Ansyen yo te santi yo tris lè yo te tande yo pap tounen wè Pòl ankò. Yo montre l' afeksyon yo gen pou li avèk dlo nan je yo epi yo te bo l' anpil.

KEKSYON SOU ETID LA

1. Nan ki rejyon Pòl te pase apre l' soti lavil Efèz?
2. Poukisa li te chanje plan l' depi Lagrès?
3. Poukisa Etich te vin popilè?
4. Poukisa Etich te kite somey pote l' ale jouk li dòmi?
5. Kisa Pòl te fè pou Etich la?
6. Pouki rezon Pòl te evite vizit lavil Efèz la lè l' t'ap tounen soti Lagrès?
7. Ki nouvèl tris Pòl te bay ansyen lavil Efèz yo?
8. Fè yon lis bagay Pòl te di yo, menm jan tankou esplikasyon lèv li te abouti nan lavil Efèz la.
9. Sou ki danje Pòl te avèti ansyen yo?
10. Ki reskonsablite Pòl te ba yo?

POU ETID SIPLMANTE

1. Kontinye konplete kat ou a, mete tou sa ki koresponn ak chapit sa a nan lis.
2. Sou ki «chen mawon» ak fo mèt nou dwe prepare nou kounye a?
3. Bay yon deskripsyon sou ansyen lide a, ki baze sou Travay 20:18-25.

PATI 4

TRIYONF LEV KRIS LA

CHAPIT 24

LI PARE POU YO MARE L'

Li Travay 21:1-36

KEKSYON POU PREPARASYON

1. Ki avètisman Pòl te resevwa lè l' ta pral lavil Jerizalèm?
2. Kisa ansyen lavil Jerizalèm yo te mande Pòl?
3. Kisa ki te kòz dezòd nan tanp la?

ENTWODIKSYON

Apre Pòl ak zanmi kamarad li yo te fin di ansyen lavil Efèz yo orevwa nan vil Milè, yo te kontinye vwayaje sou zòn Sid pou y'ale bò kote solèy leve, rive lavil Jerizalèm. Batiman yo t'ap vwayaje a te fèt espesyalman pou kòmès sou kòt yo, yo te kochte nan nenpòt pò kote yo kapab debake o anbake chaj. Se te yon mòd vwayaj ki te lant, men nan jou sa yo pat gen batiman ki te fèt tout espwè pou pasajè yo.

1. Avètisman Yo

Pòl ak zanmi li yo resi rive nan Pò Tir la, kote yo te pase plis omwens yon senmenn pandan yo t'ap debake e anbake batiman an. Apre sa yo te kontinye jouk rive Sezare, se la yo te kite batiman an pou yo kontinye a pye jouk yo rive lavil Jerizalèm. Nan lavil Tir la tankou lavil Sezare, Pòl te resevwa avètisman sou danje li pral jwenn lè l' rive lavil Jerizalèm. Se pat sa yo li te resevwa kòm premye avi sèlman. Paske li te deja di ansyen lavil Efèz yo ke Sentespri te avize li sou prizon ak soufrans k'ap tann ni (20:23). Men nan lavil Tir ak lavil Sezare avi yo te gen plis fòs. Lespri Bondye te avèti disip yo pandan yo te lavil Tir «pou di Pòl pa monte Jerizalèm» (21:4). Nan lavil Sezare yon pwofèt yo rele Agabis te anonse nan yon fòm dramatik jan yo pral mete Pòl nan prizon Jerizalèm, li te pran sentiwon Pòl, li mare toulede men l' ak toulede pye l' avè l'.

Eske Pòl te fè byen nan desizyon pou kontinye ale Jerizalèm nan? Li te deja fè plan l' depi lontan. Li te deside pou reyalize sa. Sepandan, èske li pat dwe chanje plan l' apre li te resevwa avètisman sa yo? Kwak mesaj li te resevwa lavil Tir la gen sans tankou yon lòd pou l' pat ale, pase tout lòt mesaj Pòl te resevwa yo kapab pran yo tankou avètisman. Li sanble Pòl te pran yo presizeman tankou mesaj Bondye ta ba li pou prepare l', pou sak t'ap tann li pi devan. Li chache fè frè lavil Sezare yo konnen ke se li ki te gen rezon. Epi lè yo wè yo pa ka chanje lide l', yo pa pèsiste sou sa ankò, epi yo te di l' «Sa Bondye vle a, se sa ka fèt».

2. Konferans La

Rive Pòl rive lavil Jerizalèm, li t'al wè Jak ak ansyen legliz yo nan kote sa. Apre li fin rakonte tout travay Bondye te pèmèt li fè. Li te bay yo deskripsyon sou bon siksè levanjil la te gen pami moun lòt nasyon yo.

Ansyen yo te kontan tande nouvèl sa yo; men yo te gen pwoblèm pa yo. Anpil nan kretyen Jerizalèm yo se Jwif yo te ye, epi anpil nan yo jouk kounye a te trè jalou pou obsève lalwa Moyiz la. Pòl te gen anpil lenmi ki t'ap mache fè manti ke Pòl t'ap anseye Jwif yo k'ap viv nan peyi moun lòt nasyon yo pou yo pa obeyi lalwa Moyiz la. Ansyen yo te gen krentif ke Jwif yo pral leve kont prezans Pòl nan vil Jerizalèm nan.

Ansyen yo te gen yon plan, yo kwè yo te kapab chanje lide Jwif yo pou fè yo kwè ke tout istwa sa yo te tande sou Pòl yo pat sèten.

Yo te mande pou Pòl patisipe nan tout sèvis la (kòm parenn) kat moun ki te fè yon ve nazareyen pou yo pa kale tèt yo pou yo pa manje nenpòt kalite manje pou yon tan defini. Pat manke anpil tan pou ve sa a te fini, epi mesye yo te bezwen yon moun ki pou kapab peye tout depans sakrifis la pou yo. Ansyen yo te mande Pòl pou l' jwe wòl sa a.

Nan anpil sans, fason aji sa a ta dwe sanble yon lide sòt pou Pòl. Li te kwè avèk fèm asirans sakrifis Kris la te fini ak tout sistèm sakrifis Ansyen Testaman yo. Li te deside pou moun lòt nasyon yo pat janm mete yo anba jan relijyon Jwif yo sèvi a. Si Pòl te gen dout nan lespri li ke konsantman l' sa a te kapab lakòz moun lòt nasyon yo dwe soumèt anba lalwa Moyiz la, byen posib Pòl ta diskite kont plan sa a. Men ansyen yo te dakò e yo tout klè ke se pa konsa bagay la ye. Sa se te yon bagay ant Jwif ak Jwif. Se poutèt sa, Pòl te asepte pwopozisyon yo a, paske li te santi l' enkyete non sèlman pou libète kretyèn lòt nasyon yo sinon pou delivrans Jwif yo tou.

3. Dezòd La

Ansyen yo te kwè Pòl t'ap evite kèk pwoblèm lè l' patisipe nan sèvis ve sa a. Men se te tout afè okontrè e se lè sa a Pòl te nan plis difikilte.

Tanp Jwif la te rezève sèlman pou Jwif yo. Deja pou yonn yo te gen avi sou deyò panno a ki avèti nenpòt moun lòt nasyon ki antre nan tanp la l'ap peye sa chè, sa vle di se lavi l' k'ap peye sa. Men, sak pase? Pòl li menm, anvan li te antre nan tanp la, t'ap mache nan tout lari lavil Jerizalèm yo avèk yon nèg moun lòt nasyon ki te rele Twofim, moun lavil Efèz. Kèk Jwif ki te wè Pòl ap mache avèk Twofim kounye a yo wè Pòl nan tanp la. Poutèt yo te kont ansèyman e lèv Pòl t'ap fè pami moun lòt nasyon yo, touswit yo te rive nan yon konklisyon ke Pòl te kraze tout lòd yo te obsève yo epi li te kite Twofim antre nan tanp la. «Yo t'ap rele: Moun ras Izrayèl yo, pote nou konkou! Men nonm k'ap plede mache toupatou pale mal ak tout moun sou do pèp Izrayèl la, sou do lalwa Moyiz la, sou do tanp sa a. Kounye a, li te penmèt li fè moun ki pa Jwif antre nan tanp la, l'ap lakòz kote nou mete apa pou Bondye a pa nan kondizyon pou fè sèvis Bondye» (21:28).

Menm la a tout, foul moun yo tonbe fè dezòd. Yo pat chache fè anyen pou apwouve si akizasyon kont Pòl la se te sèten. Si nou sonje esperyans pase yo Pòl te genyen avèk Jwif lavil Jerizalèm yo (Travay 9), sa pap siprann nou pou wè Jwif sa yo te prèt pou kwè tout bagay ki pi mal sou Pòl. Yo te pran l' e yo trennen l' mete deyò, epi lamenm yo fèmen tout pòt tanp la.

Epi lè foul la te trennen l' mete yon kote sou deyò tanp la pou yo ta kapab lapide l' (poutèt yo pat ka fè sa ak pwòp fòs pa yo) yo te voye kouri di kòmandan solda Women yo dezòd sa a. Women yo te la ap siveye kont nenpòt dezòd Jwif yo diran jou fèt yo, paske yon dezòd relijyez te kapab fasilman tounen yon rebelyon. Imedyatman Women yo te gen kontwòl la sou moun yo. Se prezans solda yo posibleman ki te sove lavi Pòl, paske lè Jwif yo wè solda yo, yo te sispann bat li. Kòmandan gad la bay lòd mare l' nan chenn. Li pat kapab verifye poukisa moun yo t'ap bat Pòl la. Paske yonn t'ap rele di yon bagay lòt t'ap rele di yon lòt bagay. Alò, li mennen Pòl jouk nan kazèn Women an, moun yo t'ap swiv li e yo t'ap egzije pou touye Pòl.

KEKSYON SOU ATID LA

1. Di non tout kote Pòl te rive yo nan wout lè l' ta prale Jerizalèm nan.
2. Esplike kisa ki te pase lavil Tir?
3. Fè yon deskripsyon nan pwòp panse pa ou, sou pwofesi Agabis la.
4. Ki atitid frè yo te pran ak pwofesi sa a?
5. Ki panse Pòl te genyen sou vwayaj Jerizalèm nan?
6. Ki atitid ansyen Jerizalèm yo anvè travay pami moun lòt nasyon yo?
7. Kisa ansyen Jerizalèm yo te vle Pòl fè?
8. Poukisa Pòl te konsanti dezi ansyen yo, osinon, poukisa li te asepte sa a?
9. Ki sak te pase pandan Pòl te nan tanp la?
10. Ki akizasyon yo te fè sou Pòl? E poukisa?
11. Nan ki fòm Pòl te sove anba lanmò sa a?

POU ETID SIPLEMANTE

1. Konplete kat ou fè sou twazyèm vwayaj misyonè a.
2. Nan I Korent 9:19-23 Pòl ekri ki jan li te asepte kondisyon lòt moun yo. Esplike nan ki fòm sa Pòl te fè nan chapit sa a te dakò avèk sa li te ekri nan I Korent 9 la
3. Eske ou panse Pòl te gen rezon, o l' te komèt yon erè, pou l'ale Jerizalèm nan malgre tout avi li te resevwa yo? Poukisa ou panse konsa?

CHAPIT 25

KOUTE DEFANS LA

Li Travay 21:37-22:30

KEKSYON POU PREPARASYON

1. Poukisa kòmandan Women an te pèmèt Pòl pale?
2. Nan ki fòm Pòl te adapte defans li a pou moun ki t'ap koute l' yo?
3. Ki jan moun yo te aji anfas defans sa a?
4. Kòman Pòl te sèvi ak tit sitwayen Women l' la?

ENTWODIKSYON

Gremesi rive solda Women yo ki te ede Pòl pou chape kò l' anba yon lanmò sèten nan men Jwif san lespri yo. Solda sa yo te wete l' nan zòn bò tanp la, kote Jwif yo te vle touye l' la, epi yo te mennen l' nan chato a, ki te kazèn Women yo. Lè Pòl te rive nan eskalye yo pou monte nan chato a, li te pale ak kòmandan an, e l' te mande l' pèmisyon pou l' pale avè moun ki t'ap swiv Pòl yo, epi ki t'ap mande pou touye l'. Kòmandan an te ret sezi lè l' tande Pòl t'ap pale Grèg avè l'. Li te panse Pòl se te nèg Lejip la ki te fè yon dezòd kont lavil Wòm epi ki te mennen kat mil lòm nan yon gwoup ki te rele «Ansasen yo». Lè Pòl te idantifye l' kòm Jwif moun Tas peyi Silisi, kòmandan an te kite Pòl pale ak moun yo.

Defans Pòl la se te yon rezime sou jan li te rive konvèti e premye esperyans li te fè yo etan kretyen. Nou konnen detay li bay yo, paske nou te wè yo deja nan liv Travay. Sepandan, kounye a nou tounen wè yo ankò jan Pòl te prezante yo devan gwoup moun espesyal sa. Ann gade kòman li te chwazi sa l' te vle di, e nan fòm li te adapte mesaj li a pou moun ki t'ap koute l' yo.

1. Defans La

Pòl pat kòmanse defans li a ak yon fraz pou fè Jwif sonje li se kretyen e yo menm non. Tout okontrè, mesaj la te montre tout sa ki

posib sou sa yo gen an komen pami yo. Menm lang li te pale a li
sèvi avè l' pou sa. Si Pòl te ka rive pale an Grèg, yon lang yo tout te
konprann, Jwif sa yo t'ap bay sa mwens atansyon. Men lè yo te tande
l' t'ap pale an Ebre, yo te fè silans pou koute l'.

Pòl te kòmanse fè yo sonje jan li te sanble avè yo. Li te pale
avè yo sou edikasyon l'. Kwak li te fèt lavil Tas, men li te grandi
lavil Jerizalèm. Li te elèv Gamalyèl, yonn nan mèt yo ki gen anpil
ripitasyon. Gen anpil nan yo ki te konnen li, li te yon nonm ki jalou
anpil pou lalwa Jwif la. Li te fè yo sonje apre l' te fin pèsekite kretyen
lavil Jerizalèm yo li ta prale Damas avè entansyon pou arete tout
kretyen Jwif li te kapab jwenn la, e mennen pou fèmen yo nan prizon
lavil Jerizalèm. Li fè yo konnen menm apre li te fin konvèti, li te
kontinye adore tankou Jwif toujou: se nan tanp la li t'ap adore lè l'
te resevwa yon mesaj Senyè a te ba li lòd pou l' ale pote mesaj bòn
nouvèl la bay moun lòt nasyon yo.

Pòl te vle moun ki t'ap koute l' yo te vin senpatize pou li tou, dapre
jan l' t'ap fè seleksyon pawòl li yo. Se petèt li te fè yon deskripsyon
sou Ananyas tankou yon kretyen Damas. Men pase li te fè l' konsa, li
te pito di «se te yon moun ki t'ap sèvi Bondye jan lalwa mande l' la,
epi tout Jwif Damas yo te konsidere l' anpil» (22:12). Li te di kòman
«Bondye zansèt nou yo» (22:14) e sou Kris tankou «sèl moun ki dwat
la» (22:14). Se te fraz sa yo Jwif yo yo menm te itilize pou pale sou
Bondye e Mesi y'ap tann nan.

Sepandan, Pòl pat prezante tèt li li menm tou senpleman tankou
yon lòt Jwif. Okontrè, li te prezante l' tankou yonn ki gen diferans ak
moun k'ap koute li yo. Pòl te pale sou limyè ak vwa nan syèl la, ki te
fè l' konnen Jezi se Kris ki te pwomèt la. Jwif ki te kwè yo ta asepte
wè Pòl te gen obligasyon pou l' obeyi lòd li te resevwa nan revelasyon
Bondye a. Pòl te fè yo sonje ke l' t'al jwenn moun lòt nasyon yo, se pat
pou pwòp preferans pa l', sinon paske se konsa Bondye te ba l' lòd pou
l' fè nan yon vizyon. Li te fè yo sonje ke l' te menm rive jouk diskite
avèk Bondye, li t'ap chache pi byen pou l' te rete lavil Jerizalèm e
preche bòn nouvèl Kris la pami Jwif yo. Sepandan, Bondye te ensiste
ke l' dwe preche moun lòt peyi yo levanjil la.

Lè Jwif yo tande Pòl di ankò Bondye te ba l' lòd pou l'al preche
moun lòt nasyon yo, yo pat vle koute sa l' t'ap di a menm. Yo te rele
mande pou touye li ankò. Yo t'ap di, «Wete nonm sa a sou latè! Touye
li! Li pa merite viv ankò!» (22:22).

Gen yon leson ki gen anpil enpòtans nou kapab aprann sou defans Pòl la devan Jwif yo. Sètènman Pòl se te yon konesè sou jan li dwe diskrèt ak rezonnman pou l' fè wè bagay yo. Men li pat pèmèt ke diskresyon sa a anpeche l' prezante laverite a tout klète l'. Bondye vle nou itilize panse nou pou temwaye non li e se konsa nou pa l' ofanse moun yo san bezwen. Men li vle ke nou prezante ak tout klète ofans lakwa, konsa lèzòm ka konfwonte avèk Senyè, Jezikri e yo ta ka rele yo tounen vin jwenn Bondye ak konfyans nan li. Diskrèt la e panse a yo toulede dwe ede pou prezante levanjil la; yo pa dwe janm kache mesaj la.

2. Nan Kazèn Nan

Lè kòmandan an wè nouvo kòlè sa a sòti bò kote Jwif yo, li pase lòd mennen Pòl nan chato a, pou yo ta bat li la. Anpil fwa Women yo konn bat prizonye yo pou fòse yo konfese krim yo, e se te pou sa menm yo ta pral bat Pòl la. Men kòm Pòl te pale ak foul moun yo nan lang ebre, Kòmandan an li menm pat ankò konnen rezon dezòd li t'ap rezoud la.

Lè solda yo fin mare Pòl, li di ofisye a «Eske nou gen dwa bat yon sitwayen Women ki pa menm pase devan yon tribinal» (22:25). Sitwayen Women yo te gen pwoteksyon lalwa pou yo pa bat yo. Lè ofisye a tande Pòl se sitwayen Women li te ye, li te voye di chèf la sa touswit. Alò, lè sa a, kòmandan an te vini, li te mande Pòl si se te vre, se sitwayen Women li te ye. Lè Pòl asire l' se sitwayen Women li ye, kòmandan an pase lòd pou lage l' touswit.

Pòl te sove anba kout fwèt sa yo poutèt li byen itilize sitwayènte Women l' la. Men sak pi rèd la, kòmandan an pat menm konnen poukisa Jwif yo te atake Pòl. Sepandan, li te fè aranjman pou prizonye a te prezante ka li devan Gran Konsèy Jwif la demen maten, e yo ta fè envestigasyon sou kòz atanta kont lavi li a apre.

KEKSYON SOU ETID LA

1. Kilès moun kòmandan an te panse Pòl te ye?
2. Poukisa li te bay Pòl pèmisyon pou pale ak foul la?
3. Kòman Pòl te kapte atansyon foul la?

4. Ki enfòmasyon Pòl te bay sou lavi li anvan l' te konvèti?
5. Kòman Pòl te chache enfliyanse sou pèp la pou yo te ka dakò avè l'?
6. Poukisa Pòl ta renmen rete lavil Jerizalèm pito apre li te konvèti?
7. Ki bagay Pòl te di ki kòz moun yo te refize l'?
8. Kòman kòmandan an te fè pou l' te ka rive konnen ki krim Pòl te fè?
9. Kòman Pòl te fè pou evite sa?
10. Kisa Kòmandan an te panse apre pou l' te rive konnen laverite?

POU ETID SIPLEMANTE

1. Ekri yon tèm ki gen 250 pawòl pou esplike itilizasyon diskrè ak panse nan evanjelizasyon pèsonèl, pran mesaj Pòl te bay devan Jwif yo kòm modèl.
2. Nan ki fòm kretyen yo kapab itilize lalwa pou fè kòz Kris grandi?

CHAPIT 26
PRAN KOURAJ

Li Travay 21:37-22:30

KEKSYON POU PREPARASYON

1. Kòman Pòl te fè pou evite Gran Konsèy Jwif la jije l'?
2. Ki mesaj ankourajman Pòl te resevwa?
3. Kòman Pòl te pwoteje tèt li devan Jwif yo?

ENTWODIKSYON

Nan demen apre diskisyon moun yo te fè nan tanp la, kòmandan an te pase lòd pou yo konvoke Gran Konsèy Jwif la, epi li wete Pòl nan prizon an, pou, li mennen l' devan yo pou konnen egzakteman kisa Jwif yo t'ap akize kont li.

1. Devan Gran Konsèy La

Yo te bay Pòl la pawòl an premye, e l' kòmanse di, «Frè m' yo, depi tout tan mwen toujou viv san repwòch devan Bondye jouk jounen jodia» (23:1). Ananyas, granprèt la lè l' tande Pòl ap pale konsa li te bay moun ki te toupre l' la lòd pou ba l' yon souflèt. Pòl, vekse pou trètman lenjistis sa a, li te di, «Se Bondye ki va frape ou. Ou chita la pou jije m' dapre Lalwa Bondye. Men, se ou menm k'ap dezobeyi Lalwa Bondye a lè ou bay lòd frape m' lan» (23:3) Touswit Jwif yo te akize Pòl joure granprèt Bondye a. Li sanble Pòl pat konnen Ananyas se te granprèt la. Petèt se paske se te yon reyinyon ekstrawòdinè Women yo te konvoke, se poutèt sa Ananyas pat mete vètman granprèt Women an sou li. Tout menm, lè Pòl tande moun ki te di pawòl sa yo se te granprèt Bondye a li te ye, li te mande l' eskiz, se pa paske Pòl te gen afeksyon pou Ananyas kòm moun, men paske l' te respekte ofis Ananyas t'ap fè a.

Lamenm tou, Pòl te konprann byen vit li pap resevwa yon jijman san patipri. Konsa, li te deside pwofite divizyon ki te gen anndan

Gra konsèy la, paske l' deja konnen Gran Konsèy la se te farizyen e sadiseyen ki te fè pati li. Li te idantifye tèt li kòm patizan farizyen yo, epi li te deklare yo t'ap jije l' pou yon kòz menm farizyen yo te kwè. Li di konsa: «Frè m' yo, se yon farizyen mwen ye, pitit pitit farizyen. Se paske mwen gen espwa mò yo gen pou leve vivan ankò ki fè yo rele m' an jijman devan nou» (23:6). La menm nan yo te tanmen yon diskisyon nan divizyon lide yo nan Gran Konsèy la, farizyen yo yon bò te kwè nan tou sa, men sadiseyen yo t'ap demanti li. Sadiseyen yo pat kwè nan zanj nonplis, yo te di afè zanj la pa egziste, yon lòt kote farisyen te dakò ak Pòl pou di se vre, zanj yo egziste. Farisyen yo t'ap di Pòl se yon nonm inosan li ye, pandan tan sa a sadiseyen yo t'ap di li koupab. Donk sa te fè yon gwo diskisyon pami de gwoup ki te fè pati Gran Konsèy la. Lè kòmandan an wè li pap janm rive konnen kisa krim Pòl la te ye, li te tèlman pè pou yo pa dechèpiye Pòl li te oblije voye wete Pòl nan Gran Konsèy la.

Gen moun ki ensiste di konsa jodia ke fason Pòl te konpòte l' devan Gran Konsèy la pat korèk. Yo panse ke Pòl ta fè pi byen si li ta ensiste pou yon pale verite jan'l ye a, men li pat dwe chache kreye yon divizyon pami manm Gran Konsèy la nan menm tribinal la. Sepandan, Pòl te konsyan yo pa t'ap janm rive bay yon santans jis. Labib pa di nan okenn kote kretyen an dwe dakò pou soufri lenjistis, tout otan li kapab evite l'. Epi, deja pou yonn Senyè a te pale ak Pòl menm lannwit la, e li pat korije l', okontrè l' te fè l' yon pwomès ak yon mo ankourajman, nou kapab rive nan konklizyon pou di metòd Pòl te sèvi a te korèk. Se yon lòt prèv ankò ki fè nou wè Bondye vle nou sèvi ak sans komen nou nan moman ijans e danje yo.

2. Konplo A

Nan lannwit apre yo fin prezante Pòl devan Gran Konsèy Jwif la, Senyè a te pale ak Pòl nan yon vizyon. Li sanble Pòl te nan yon eta dezolasyon, paske nou wè se Senyè a menm ki te ankouraj l' epi l' te pwomèt li gen pou l' al temwaye pou Kris la nan lavil Wòm tou, menm jan tankou li t'ap fè kounye a nan vil Jerizalèm. Pòl te deja di nan lèt li te ekri moun lavil Wòm yo se yon gran dezi li te genyen pou vizite yo (Gade Wòm 15:22-24). Kounye a Bondye te konnen li te prèt pou fè yo konnen dezi li a, sèlman nan yon fason ki trè diferant ak sa l' te panse a.

Jouk kounye a Jwif yo te vle touye Pòl toujou. Kèk nan yo te deside mete yo ansanm nan demen epi yo te fè sèman pou yo pa ta ni manje, ni bwè jouk yo jwenn fason pou touye Pòl. Yo te mande Gran Konsyè la pou l' voye solda Women yo mennen Pòl ankò devan Gran Konsèy la, konsa yo te gen tan fè plan pou prepare yon anbiskad nan chemen an e konsa pou touye l'. Men nan nenpòt fason, ti neve Pòl la te rive konnen plan an epi li t'ale nan kazèn nan, li te antre, e l' avèti Pòl sa. Li sanble Pòl te gen anpil libète pwovizwa tou, paske jouk kounye a pat ankò gen okenn akizasyon fòmèl ki te fèt sou li. Menm la tou, li te voye jenn gason sa a al bay kòmandan an nouvèl sa yo. Touswit, lè kòmandan an te vin konnen konplo sa a Jwif yo te pare a, li te fè yon plan pou pwoteje Pòl. Li te voye gwo konpayi soldat yo pou pote ale l' nan Sezare, kote li ta dwe jwenn pwoteksyon pou lavi li anba atanta asasina sa a. Li ka rete la jouk moun yo va vini pou fè yon akizasyon fòmèl kont li. Kòmandan an te ekri Feliks, gouvènè Women an, yon lèt, kote li esplike pouki rezon li voye Pòl ba li. Menm jou swa sa a, solda Women yo te wete Pòl nan chanm prizon kote li te ye nan kazèn lavil Jerizalèm nan, epi yo te mennen li san okenn danje, san okenn malè bay gouvènè Women Sezare a, menm jan Lizyas te di yo a. Lè Feliks te resevwa lèt kòmandan an, li te fè Pòl konnen l'ap sere li byen ak anpil sekirite jouk lè moun k'ap akize l' yo va rive Sezare pou l' tande sa yo di sou li.

Nou panse anpil fwa Bondye travay nan yon fason mirakilez. Sètènman nou wè sa anpil fwa nan lavi Pòl, nan kèk okazyon kote Bondye te travay konsa. Bondye pa aji avè mirak sèlman. Men li aji tou nan ti bagay komen e òdinè yo nan chak jou nan lavi a. Li pwoteje pèp li a nan gran bonte li, tankou nan egzanp chapit sa a lè li te pèmèt ti neve Pòl la tande konplo ak l't'al di Pòl sa. Bondye te prepare kè Kòmandan an pou l' kwè nouvèl jenn gason neve Pòl la pote ba li a, epi se te konsa tou Bondye te delivre Pòl nan men lenmi li yo.

KEKSYON SOU ETID LA

1. Poukisa Ananyas te fè bat Pòl?
2. Nan ki fason Pòl te montre li gen respè pou ofis gran prèt Jwif la?
3. Kòman Pòl te leve divizyon an nan Gran Konsèy Jwif la?

4. Ki diferans ki te gen ant farizyen yo ak sadiseyen yo?
5. Kisa Lesenyè te di Pòl nan nwit sa a?
6. Kòman Jwif yo te panse touye Pòl?
7. Kòman Pòl te rive konnen konplo a?
8. Kisa kòmandan an te fè lè l' te vin konnen plan sa a?
9. Ki opinyon kòmandan an te genyen sou koupablite Pòl la? (v. 28-30)
10. Kisa Feliks te deside fè avèk Pòl?

POU ETID SIPLEMANTE

1. Eske nou dwe fè yonn ak gwoup relijyez ki pa kwè menm jan tankou nou pou defann kèk pwen nou genyen an komen ak yo, tankou pa egzanp katolik Women yo pou defann lekòl «Kretyèn» yo?

2. Eske Travay 23:1 montre «se pou konsyans ou gide ou»?

3. Poukisa Pòl te montre leve soti vivan nan lanmò se yon doktrin ki kòz yo te akize l'?

4. Kisa nou kapab aprann pou respè Pòl te gen pou ofis gran prèt la?

CHAPIT 27

LE OU GEN OPOTINITE

Li Travay 24

KEKSYON POU PREPARASYON

1. Kòman Jwif yo te atake Pòl?
2. Nan ki fòm Pòl te defann tèt li?
3. Ki jan Feliks te pran swen Pòl?

ENTWODIKSYON

Lè yo fin remèt Pòl san danje e san malè, bay Feliks, gouvènè, Sezare a, li mete gad sou Pòl jouk Jwif yo te kapab rive pou prezante akizasyon fòmèl yo kont li. Jwif yo rive apwe sink jou, apre sa yo te mennen Pòl nan jijman devan Feliks.

1. Akizasyon An

Jwif yo te konnen byen pwòp plent yo te fè kont Pòl la yo te frajil. Se poutèt sa tou, lè yo ta pral Sezare yo te mennen avèk yon avoka Women ki te rele Tètilis, pou l' te ka prezante plent yo. Tètilis te kòmanse avèk yon entwokidsyon trè senpatik, l'ap pale kòmsi Jwif yo ta panse ke Feliks se yon sipèb gouvènè l' te ye. Tout okontrè, Jwif yo te rayi Feliks, tankou yo te rayi nenpòt lòt govènè Women. Tètilis te idantifye Pòl kòm «chèf gwoup relijyon nazareyen yo». Li te akize l' kòm yon pès e pwomotè k'ap mache fè dezòd nan mitan Jwif yo toupatou sou latè (v.5). Epi li di ankò, «ke Pòl menm anseye derespekte tanp la» (v.6). Tètilis pat prezante okenn prèv plent sa yo. Senpleman li te di Feliks ta ka dekouvri laverite plent sa yo, lè l' entèwoje Pòl. Tètilis t'ap apiye tout Jwif yo, «epi yo menm tou, yo te dakò avè l', yo t'ap di se konsa bagay la te ye vre» (v.9).

Sa a se yonn nan kalite opozisyon byen souvan kretyen yo te konn fè. Malerezman gen kèk fwa se kretyen yo menm ki bay pò pou moun yo pèsekite yo. Men lè moun ki opoze kont levanjil la yo pa kapab jwenn okenn baz pou akize kretyen yo, yo fè manti, e flate, epi yo itilize nenpòt lòt mwayen pou rive jwenn sa yo bezwen an.

2. Defans La

Pòl te kòmanse fè pwòp defans li nan yon sans diskrè te trè senp sou pozisyon Feliks la kòm gouvènè, san li pat fè oken lwanj pou li. Li rekonèt li kòm yon moun k'ap swiv chemen an; men li fè konnen tou konfyans li yo te tout afè konplètman dakò avèk lalwa e pwofèt yo. Li te reponn plent yo nan twa fason. Premyèman, li te de li te monte Jerizalèm pou l' adore. Li te gen sèlman 12 jou lavil Jerizalèm, sa vle di, li pat gen tan ase pou estimile yon rebelyon. Angajman Pòl la se te pou kondwit li te gen lavil Jerizalèm ki te yon egzanp kondwit li an jeneral. Dezyèman, li te di ke moun ki te atake l' nan tanp la se te Jwif Lazi yo te ye. Selon lalwa Women an se yo menm ki te dwe akize l' devan gouvènè a. Epi twazyèman, li te esplike ke sèl yon fòt yo te kapab akize l' se paske l' te di nan Gran Konsèy la «Se paske mwen kwè mò yo gen pou leve vivan ankò kifè yo rele m' an jijman devan nou jodia» (24:21). Men sepandan sa a se pat anyen ki te kont lalwa Women nan.

Diskou Pòl la se yon egzanp ki montre nou ki jan nou dwe defann tèt nou lè y'ap fè fo jijman sou nou. Pòl te anplwaye bon sans li, konsa li te montre fòt moun ki t'ap akize l' yo te komèt. Li te defann dwa legal li yo. Men sitou, li pat manke montre li te gen yon konfyans konplèt nan Bondye, e yon bòn dispozisyon pou l' pa atake lenmi li yo nan menm fòm yo te atake l'.

3. Retadman An

Feliks pat vle pran yon desizyon apre l' te fin koute toulede pati yo. Li di se lè kòmandan Lizyas vin rive soti Sezare la deklare santans la. Men Lizyas pat gen anyen nouvo li te kapab mete sou sa l' te deja di yo. Paske li te voye yon lèt bay Feliks pou enfòme l' tou sa l' te konnen. Pou byen di, nan yon lòt kote, Feliks senpleman t'ap fè distenksyon; li pat vle pran okenn desizyon. Donk, li te pito kite Pòl nan prizon; epi li te bay gad la lòd pou ba li anpil libète pwovizwa.

Pandan tout tan Pòl te nan prizon an, Feliks te gen opòtinite pou pale avèk li. Se pat yon fwa sèlman, men nan plizyè okazyon. Yonn nan lè sa yo, li te mande pou yo mennen Pòl pou l' ka prezante l' devan madanm li Drisil. «Men, lè Pòl pran pale sou jan moun dwe viv byen, sou jan moun dwe kontwole kò yo, sou jijman ki gen pou vini an, Feliks te vin pè, li di: Bon kounye a ou mèt ale. Lè ma gen tan ma rele ou ankò» (v.25). Laperèz Feliks te gneyen an, se Bondye li te pè, paske li te konnen pwòp peche l'. Sepandan li pat dispoze rekonèt li epi tounen vin jwenn Bondye.

Malgre Feliks te rele Pòl plizyè fwa pou preche l', li pat janm ba li libète. Rezon li te genyen yo te trè klè. An premye lye, li te renmen lajan anpil. Li te gen espwa Pòl ak zanmi li yo ta ofri l' kèk ti kòb anba pou libète l'. Epi nan dezyèm lye, li te pè Jwif yo, e li pat vle pou yo touye Pòl, konsa li t'ap chache fè Jwif yo plezi e «rive senpatize Jwif yo» (v.27). Konsa li te kite Pòl pase dezan nan prizon, e lè yo te leve li, li te kite ka a nan men Pòsiyis Festis, nouvo gouvènè a.

Gen ka lè li korèk yo te sispann jijman an, poutèt yo pa konnen tout detay yo ki gen rapò ak li. Men gen lòt ka tou lè yo fè retadman ke yo senpleman fè sa paske yo pa vle fè fas ak reyalite a. Se konsa sa te ye nan ka Feliks la. Li te refize lage Pòl nan yon fason ke pou Jwif yo pa ta gen okenn prèv kont li. Li kenbe l' nan prizon an jouk sou dezan, enjisteman. Feliks tou te fè yon retadman pou pwòp zafè delivrans li. Labib pa di nou si l' te repanti e kwè. Feliks, pat vle konfese peche l' e li pat kwè nan Kris nan moman li te santi pwòp nesesite l', li te pèdi delivrans Kris kapab bay la.

KEKSYON SOU ETID LA

1. Poukisa Jwif yo te itilize sèvis Tètilis yo?
2. Ki defo ka Jwif yo te pote kont Pòl la te genyen?
3. Ki akizasyon yo te prezante?
4. Kòman Pòl te reponn akizasyon yo?
5. Ki desizyon Feliks te pran?
6. Ki sak te rive lè Pòl t'ap preche Feliks la?
7. Poukisa Feliks te kite Pòl nan prizon an?

POU ETID SIPLEMANTE

1. Ki tip opozisyon kretyen jodi a yo ap soufri, èske yo ka konpare l' ak plent Jwif yo te fè kont Pòl yo?
2. Esplike poukisa taktik retadman lontan an te move; epi poukisa sispann yon jijman anpil fwa te bay benefis.
3. Nan ki sikonstans ou santi ou tante lè ou itilize taktik retadman yo, e ki danje ki gen nan yo?

CHAPIT 28
POL MANDE POU SEZA TANDE KOZ LI

Li Travay 25-26

KEKSYON POU PREPARASYON

1. Poukisa Jwif yo te mande Festis pou l' mennen Pòl Jerizalèm?
2. Ki rezilta jijman an te genyen devan Festis?
3. Ki jan Pòl te prezante defans li devan Agripa?
4. Kòman Festis ak Agripa te aji?

ENTWODIKSYON

Pòl te deja pase dezan nan prizon Sezare lè yo te fè Feliks gouvènè Lajide. Feliks te kite Pòl nan prizon an, e moun ki te pran plas Feliks la se li ki kontinye pwosè a.

1. Jijman An

Yon ti tan apre Festis moun Lajide a te rive, li te soti Sezare, lakay gouvènman li, epi li te monte Jerizalèm. Pandan li te rete la, chèf Jwif yo te mande l' pou l' mennen Pòl lavil Jerizalèm pou jije l'. An reyalite, se pa jije yo te enterese jije l'. Yo t'ap chache yon opòtinite pou fè yon konplo pou touye l'. Rayisman Jwif yo kont Pòl se te yon rayisman jouk ka lanmò. Malgre anpil lane ki te pase rayisman kont li pat diminye ditou, yo pat santi yo satisfè si yo pat touye Pòl.

Sepandan, nou wè Festis pat akòde demann yo a nonplis. Li pat gen panse rete anpil tan lavil Jerizalèm. Kòm li te deja gen panse pou l' tounen Sezare, kòm etan Pòl te laba tou, li te bay lòd pou yo voye moun k'ap akize Pòl yo devan l' laba Sezare.

Jijman sa a te devlope prèske menm jan tankou jijman ki te pase devan Feliks la. Jwif yo tounen fè fo akizasyon ankò, epi Pòl te nye yo tou, lè l' di yo pa gen anyen ki bay prèv sa yo t'ap di yo. Festis pat vle deklare Pòl lib, paske menm jan tankou Feliks, li pat vle Jwif yo te rayi l', poutèt se avèk moun sa yo, li pral kontinye relasyone l' pandan tout tan l'ap fè gouvènen an. Donk nan kou sa a, li mande Pòl si l' te vle monte Jerizalèm pou l' ka jije l' la. Pòl ki te konnen li pap gen yon jijman avèk senserite Jerizalèm, li te mande pou yo voye pwosè li a devan Seza. Lè yon sitwayen Women te mande pou Seza jije l' pat gen okenn tribinal enferyè ki te kapab mele nan sa. Konsa Pòl te wete ka li a nan men moun ki t'ap trete l' nan fason si tèlman enjis yo. Epi vin jwenn ankò, Senyè a te deja pwomèt Pòl pou l' sèvi l' temwen lavil Wòm. Kounye a, pòt la ouvè pou Pòl rive laba.

2. Difikilte A

Alò kounye a, Festis te gen yon pwoblèm nan men l'. Pòl te mande pou Seza. Reskonsablite Festis se voye Pòl devan Seza. Men li pat gen anyen pou l' prezante kont Pòl kòm akizasyson. Epi sitou, li te konnen ke anperè a, pat janm renmen resevwa yon prizonye ki pat gen okenn anyen kont li; ni li pat ka panse nonplis sou ki krim li te kapab akize Pòl.

Festis te wè yon bon opòtinite te rive pou li jwenn èd nan difikilte lè l' te resevwa vizit Wa Agripa ak Berenis. Festis te mande Agripa pou ede l' chache kèk fot kòm akizasyon pou l' ka voye Pòl lavil Wòm, paske li te sipoze wa a, ki pitit pitit Ewòd Legran, te konnen plis sou Jwif yo pase l'.

Agripa te kontan anpil pou li gen chans sa a. Nan denmen, li menm ansanm ak Berenis ak tout chèf militè lavil Sezare yo te reyini nan sal odyans la ak notab lavil la pou koute Pòl k'ap fè defans tèt li.

3. Defans Pòl La

Defans Pòl la nan okazyon sa a te sanble ak sa l' te fè devan moun lavil Jerizalèm yo (chapit 22). Nou wè yon lòt fwa ankò yon egzanp kòman Pòl te adapte mesaj diskou li a nan nivo moun k'ap koute l' yo. Pòl te konnen ke Agripa te gen soupsyon sou koutim ak diskisyon Jwif yo. Li te esplike sak te pase l', konsa Agripa li menm ta konprann ki gran diferans levanjil Jezikri a te fè nan lavi yon Jwif.

Pòl te pale sou zansèt li yo. Jwif yo te konnen lavi li depi li te timoun, tankou lè l' te jenn, epi yo te konnen ki vi li t'ap mennen lè l' te lavil Jerizalèm. Yo konnen, Pòl se yon Jwif ki te trè estrik tou, li te yonn nan farizyen yo. E pi plis ankò: yo konnen se Pòl ki te chèf pèsekisyon kont kretyen yo. «E lè yo t'ap kondannen yo amò, mwen te dakò nèt ale» (26:10).

(Anpil gran konesè Labib pran dat sa a kòm yon siy pou di Pòl, te deja fè manm Gran Konsèy Jwif la depi nan lajenès li anvan li te konvèti). Tout okontrè, li menm tou li t'ale Damas, gran chèf prèt la te ba l' yon lèt, pou l' arete tout kretyen mare yo e mennen yo devan li lavil Jerizalèm pou jije yo. Pòl te prezante devan Agripa kòm yon Jwif ki te jalou anpil pou lalwa Bondye a, epi avèk anpil dezi pou fè volonte Bondye. Se akòz dezi sa a, ki fè l' te tounen yon gran pèsekitè kretyen yo.

Kòman fè li te transfòme soti yon pèsekitè pou vin yon nonm k'ap preche Kris la? Nou jwenn repons la nan esperyans Pòl te fè sou wout chemen Damas la. Kris te parèt devan l' e l' te fè l' konnen se li menm ki te Jezi a tout bon vre, moun li t'ap pèsekite a. Pita, Jezi sa a ki vivan e ki leve soti nan lanmò a, li bay Pòl lòd pou l' fè misyonè li nan tout moun lòt peyi yo.

Pandan Pòl t'ap pale sou esperyans kretyèn li, li te antrelase defans sou kwayans kretyèn li yo. Gade pou wè kòman kwayans li te konekte avèk lavi kretyèn ni. Pòl te deklare li te fè konfyans sou pwomès Bondye te bay zansèt li yo. Li pale sou konfyans li gen nan leve soti vivan nan lanmò. Li di Kris te voye l' al ouvè je moun lòt nasyon yo «pou ou kapab louvri je yo, pou fè yo soti nan fènwa kote yo ye a vin nan limyè, pou wete yo anba pouvwa Satan an vin jwenn Bondye. Konsa, lè ya mete konfyans yo nan mwen, ya resevwa padon pou tout peche yo, ya jwenn plas yo nan mitan pèp k'ap viv apa pou Bondye a» (26:18). Nan deklarasyon sa a nou jwenn yon prezantasyon byen klè laverite peche lèzòm yo padonnen sèlman poutèt konfyans yo mete nan Jezikri. Pòl esplike Agripa ankò, sou evennman ki pase nan lanmò ak leve vivan Kris la. Li di Ansyen Testaman an te pwofetize Kris la gen pou l' soufri, e l'ap gen pou l' leve soti vivan nan lanmò, e se li k'ap sèvi yon limyè pou moun Jwif yo tankou moun lòt peyi yo. Se konfyans sa yo ki fòmen baz fondamantal esperyans Pòl la.

Li fasil pou nou fè yon separasyon ant konfyans nou ak lavi nou. Pafwa nou pale sou yonn, pafwa tou nou pale sou lòt la. Men sak pase Pòl vle demontre nou isit la, fason ki pi bon pou temwaye non Jezikri se yon konbinezon ak toutlede. Lè n'ap pale sou sa Kris fè pou nou, nou kapab pale avèk otorite. Men lè nou prezante laverite sou levanjil la, nou fè relasyon l' ak pwòp esperyans pa nou, se lè sa a nou kapab mennen moun yo bò kote Kris pi byen, ki gen anpil pouvwa pou delivre nou e yo menm tou.

4. Reyaksyon An

Leve Jezikri soti vivan nan lanmò a se te yon verite difisil espesyalman pou moun lòt nasyon yo kwè. «Antan Pòl t'ap pale konsa pou defann tèt li» . . . sou leve soti vivan nan lanmò a, «Festis te rele byen fò: Ou fou, Pòl! Twòp lespri fè ou pèdi tèt ou» (26:24). Pòl pat diskite avèk Festis. Senpleman li te di l' li pa fou osinon l'ap pale verite ak bon sans. Li pa fè Festis ka ankò, li pale ak wa a pito. Li di li konnen wa a te konprann bagay sa yo, e li bay wa Agripa konsèy pou l' kwè yo.

Poukisa Pòl te inyore Festis nan moman sa a, epi touswit li te envite wa Agripa pito? Se paske li te konnen Festis li menm li pat ankò prè pou asepte sa l' t'ap di a, byen posib Agripa wi. Sepandan, Pòl t'ap chache repons Agripa a pou montre l' te kwè nan temwayaj Pòl la.

Men Agripa, li menm poukont pa l', li pat ankò prè pou kwè nonplis. Li pat admèt envitasyon Pòl la pou l' asepte Kris. Li te blame Pòl avèk mo sa yo «Talè konsa ou pral pran tèt mwen tou pou fè m' kretyen». Men Pòl te reponn ni, kit se kounye a kit se pita, li gen yon sèl dezi Agripa, tankou pou tou sa k'ap koute l' la, se pou yo ta vin menm jan tankou li, men pa anba chenn sa yo. Sa Pòl ta renmen plis pase tout lòt bagay yo, se pou lòt moun yo ta rive konnen gras delivrans Jezikri a.

Lè entèvyou a fini avèk Pòl, Festis ak Agripa t'ap fè yon reyinyon e yo te rive nan konklizyon Pòl pat fè anyen ki merite lanmò ni prizon. An reyalite, si li pat gen tan mande pou mennen l' devan Seza, yo te kapab lage l'.

KEKSYON SOU ETID LA

1. Kisa Jwif yo te mande Festis, e poukisa?
2. Ki repons yo te jwenn sou sa?
3. Poukisa Festis te vle Pòl ale Jerizalèm?
4. Poukisa Pòl te mande pou mennen l' devan Seza?
5. Kisa lè yon moun mande pou Seza siyifi?
6. Ki pwoblèm Festis te prezante devan Agripa?
7. Poukisa Pòl te kontan pou l' pale devan Agripa?
8. Kisa Pòl te di sou lavi li nan tan pase?
9. Ki sak te chanje direksyon lavi Pòl t'ap mennen an?
10. Ki doktrin Pòl te foure nan defans li a?
11. Kòman Festis te reyaksyone?
12. Ki envitasyon Pòl te bay Agripa e ki sa l' te reponn li?
13. Nan ki desizyon Festis ak Agripa te rive?

POU ETID SIPLEMANTE

1. Eske gen kèk moun levanjil la pa kapab touche? Bay yon esplikasyon, pran kèk egzanp nan leson sa a.
2. Kòman nou kapab aplike egzanp defans Pòl la nan temwayaj nou pou Kris?
3. Etabli diferans ki gen ant repons yo Pòl bay Festis ak Agripa. Ki ansèyman nou kapab jwenn nan sa?

CHAPIT 29

VWAYAJ LA

Li Travay 27

KEKSYON POU PREPARASYON

1. Ki swen Pòl te resevwa nan vwayaj lè l' ta pral Wòm nan?
2. Kòman Pòl te demontre li te yon nonm ki gen anpil entelijans?
3. Kòman Pòl te sove lavi zanmi kanmarad vwayaj li yo?

ENTWODIKSYON

Nan entansyon pou Pòl te evite yon jijman ki pa jis, li te mande pou yo mennen l' devan Seza. Festis pat kapab fè anyen plis, sinon voye l' lavil Wòm, kwak li menm ak Agripa yo te dakò ke pat gen rezon pou yo kondannen Pòl amò o pou mete l' nan prizon. Donk, se konsa Festis te voye Pòl ansanm avèk lòt prizonye yo, remèt nan men Jiliyis, kòmandan yon batayon wòm yo rele batayon Seza pou l' mennen yo konparèt devan Seza pou jije yo.

1. Vwayaj Krèt La

Nan tan sa a, bato yo pat kapab travèse Lanmè Mediterane a dirèkteman. Paske yo te konsidere sa se yon vwayaj twò danjere. Bato yo te navige sou kòt la pito, yo ta prale soti nan yon pò al nan lòt pò, yo pat janm ale lwen nan fon lanmè a sinon bò kòt la. Yo te fè aranjman yo pou prizonye yo t'ale abò yon batò ki t'ap vwayaje nan nò, nan pò sou kòt Lazi yo. Pita yo ta pral pase yo nan yon lòt bato ki pral Wòm.

Yo te boule byen ak Pòl. Yo te ba l' pèmi pou l'ale akonpaye yon zanmi l', Aristak. Lik, ki ekri liv Travay yo, t'ap vwayaje Wòm avèk Pòl tou. Nou konnen sa paske li itilize «nou» lè l' fè deskripsyon vwayaj la soti depi Sezare jouk rive Wòm. Apre yo fin navige tout

yon jounen yo te rive Sidon, kote kòmandan an bay Pòl pèmisyon pou
l' soti nan bato a, pou vizite zanmi l' yo e resevwa pwovizyon nan
men yo. Dapre sa nou wè, yo pat konsidere Pòl tankou yon kriminèl
komèn o danjere.

Apre bato a te abandone Sidon e yo te navige nan direksyon nò,
maren yo pat kapab kontinye direksyon yo te planifye a. Van yo te
tèlman fò, yo te vini soti sou lwès. Konsa, pase pou yo navige sou
bò dwat Chip, kòm yo te fè li nan sikonstans òdinè yo, yo te blije
monte sou nò, yo travèse lanmè devan Silisi ak Panfili, jouk yo te
kapab rive nan Pò lavil Mira nan pwovens Lisi a. Antan yo rive la
kòmandan an te jwenn yon batiman ki te soti Aleksandri, peyi Lejip,
ki ta prale an Itali. Byen posib sa a se te yonn nan batiman ki te konn
pote gren yo, li t'ap pote manje al kapital la. Touswit, apre yo te soti
Mira, kaptenn nan ak amatè yo te kòmanse jwenn ak anpil difikilte.
Van an te nan direksyon kontrè ak wout yo, yo te dwe natige nan yon
fason trè dousman, jouk yo rive devan lavil Nid. Depi la a van an pat
ba yo chans pou yo kontinye nan kap lwès la. Sa fè, yo te vire desann
anba nan Sid, e yo te pase anba lil Krèt la, yo te kouri sou kòt zile sa
a, jouk yo rive yon kote yo rele Bon Pò.

2. Van Tanpèt La

Yo te deja pèdi anpil tan akòz van an te kontrarye batiman an, e sa
fè vwayaj la te pi danjere chak jou ki t'ap avanse pi prè livè a. Paske
nan jou sa yo, se te yon gwo danje pou moun vwayaje e pafwa yo te
dwe sispann tout vwayaj diran lè sa a. Se te yon koutim yo te genyen,
lè dat sa a rive, batiman yo te konn chache yon pò pou yo rete la.

Pòl te bay kapitènn nan ak kòmandan an konsèy pou yo pa
kontinye pi devan sinon yo dwe pase livè a nan Bon Pò. Li te di yo
si yo kontinye vwayaj la, y'ap pèdi chay la ansanm ak batiman an, e
posibleman ata moun ka mouri. Men kòmandan Women an sanble li
pat gen lide pase livè a nan Bon Pò, paske pò a pat bon pou yo te pase
sezon fredi a. Se poutèt sa, pifò moun ki te abò yo te deside pati pou
rive Feniks, yon lòt pò solèy kouche nan zile Krèt, kote yo ka gen pi
gran chans pou pase sezon fredi a.

Li enteresan pou wè kwak Pòl te yon prizonye, li te ka bay menm
chèf solda yo ak kaptenn batiman an konsèy. Se yon bagay ki klè

pou wè Pòl te gen anpil libète pou fè mouvman, epitou li te fè santi enfliyans li nan anbakasyon an. Enfliyans li a pat baze poutèt li se kretyen sèlman; men pi byen, paske l' te konpote l' tankou yon nonm ki te gen sans komen epi ki te gen anpil esperyans nan lanmè. Se pou sa tou, ki fè moun ki anchaje yo te ba l' pèmisyon pou bay konsèy kwak yo se pa tout tan yo te asepte sa li te di yo.

Lè yo wè yon ti van lejè ki soti nan Sid, maren yo te kwè yo t'ap gen chans pou rive. Epi yo te leve lank, e yo te gouvènen bato sou kòt zile Krèt la, anvan yo rive pi lwen, yon lòt moman konsa. Tou denkou bagay la te chanje, yon gwo van nòde ki t'ap vini depi tè a, te pran batiman, e li te trennen l' pati lwen nan lanmè move a. San yo pat gen mwayen pou kenbe tèt ak li menm, maren yo te blije kite l' pote batiman an ale. Se jouk about, lè yo te rive jwenn pwoteksyon yon ti zile ki rele Kloda, epi la yo te pran yon ti souf, alò yo te chache pran mezi pou asire bato a yon ti kras plis. Yo rale l' monte abò, apre sa yo mare l' ak kèk kòd, yo sentre l' byen sentre anba kòd pou evite lanm yo pa echwe l'. Pita yo te pè pou batiman an pa t'al echwe sou resif Sit la, yon zòn sou nò kòt Lafrik la kote anpil bato te konn fè nofraj. «Yo desann vwal yo. E se konsa nou te kite van bwote nou» (27:17). Kòm etan donnen tanpèt la te kontinye avèk tout kous li, yo te jete tou chay la nan dlo, epi denmen ankò, maren yo te voye palan batiman an jete nan dlo ak pwòp men yo tou. Apre yo te fin pase anpil jou, yo pat ka wè ni solèy ni zetwal, yo te pèdi tout espwa soti vivan anba tanpèt sa.

Se nan moman sa a, lè tout espwa yo te fini an Pòl te parèt devan yo tout pou l' te ba yo kouraj. Li te fè yo sonje l' te avèti yo pou yo pat soti Bon Pò, men kounye a kwak yo pral pèdi bato a, okenn nan yo pap mouri. Bondye te voye yon zanj nan lannwit sa a pou ankouraje l' e pwomèt yo tout ki avèk li nan batiman an ap sove poutèt li. «Men Pòl di, nou pral echwe sou yon zile». (27:26

3. Nofraj La

Apre yo te fin lite 15 jou konsa nan gwo lanmè move a, maren ki konn lanmè yo, santi yo te tou prè latè. Yo mare yo sonn nan yon liy yo jete li nan dlo pou mezire pwofondè lanmè a e yo te dekouvri pwofondè a te ven bras (36 mèt). Apre yo te retounen sonde pi devan ankò, yo te jwenn li gen kenz bras (27 mèt). Lè yo vin konnen yo te pre yon kòt nan fenwa lannwit la, e pou yo pa monte sou resif la yo jete kat lank nan bò deyè bato a, yo te tann li fè jou la. Kèk nan maren yo te vle sove tèt yo yo menm san lòt yo. Yo te fè tankou yo t'ap jete lank yo nan dlo, men an reyalite yo te prepare pou jete kannòt abò a, yo pran pretès yo ta pral mare kèk lank devan batiman an. Pòl te avize kòmandan an, e l' te avèti, «Si moun sa yo pa rete nan bato a, nou yonn pap sove" (27:31). Kòmandan an te pase maren yo lòd pou yo koupe kòd kannòt bò a, yo kite l' ale, se sak fè maren yo te oblije rete nan batiman an ansanm ak lòt moun yo.

Nan devan jou byen bonè Pòl te bay tout moun yo kouraj pou yo manje kichòy. Paske yo te deja pase kenz jou san manje anyen; e yo te trè fèb. Pòl di yo, «Tanpri, kounye a, mete kichòy nan vant nou. Na byen bezwen l' pou nou sove. Ata yon branch cheve nou pap pèdi» (27:34). Lè l' fin di sa, Pòl pran pen an, li di Bondye mèsi li kòmanse manje. Tout moun repran kouraj nan vwayaj la, akòz egzanp Pòl te bay la, yo te fè menm bagay tankou li. Lè yo tout fin manje kont yo, yo te jete rès ble a nan lanmè, pou deleste batiman an pou manèv yo te pretann fè a pou rive atè a.

Lè solèy leve, yo te kapab wè kòt la, men yo pat rekonèt tè a. Yo te wè yon lans ak yon bèl plaj, e maren yo panse yo te kapab fè bato ale la. Yo demare lank yo, yo lage yo nan lanmè. Yo remare kòd ki te kenbe zaviwon ki te sèvi yo gouvènay la. Yo monte fòk la pou van an pouse batiman an tou dwat devan yo. Yo mete kap sou plaj la. Men, anvan yo te rive, batiman an te monte sou yon ban sab nan mitan de kouran, li te echwe. Devan batiman an te antere kole nan sab la, gwo lanm yo t'ap fin kraze dèyè bato, epi konsa tou batiman an te kòmanse neye.

Menm lè sa a solda yo te vle touye tout prizonye yo. Poukisa, enben sak pase, selon lalwa Womèn nan, se solda yo ki sèl rekonsab si prizonye yo sove, byen souvan se solda yo ki te konn resevwa pinisyon lanmò, poutèt kòz neglijans li. Men kòmandan an te sove prizonye yo, paske li te vle sove Pòl, paske li te gen respè pou li. Li te bay lòd pou sak konn naje jete kò yo nan dlo an premye, e sila ki pa kapab naje yo ap mete kò yo sou planch obyen kèk lòt moso batiman an, pou yo te ka rete anlè sou dlo, epi konsa ya rive sou plaj la. Alò, kwak batiman an te pèdi, men yo tout te rive anbyen san lòt danje, jan tankou Pòl te di a.

KEKSYON SOU ETID LA

1. Kòman yo te voye Pòl ale lavil Wòm?
2. Ki sak te pase lè yo rive Sidon?
3. Poukisa yo te lonje bato a sou kòt Sid Krèt la?
4. Sou ki danje Pòl te avèti yo?
5. Poukisa yo pat konsidere konsèy Pòl la?
6. Ki sak te pase kòm rezilta sa?
7. Kòman maren yo te chache sove batiman an?
8. Ki pawòl konsolasyon ak ankourajman Pòl te bay?
9. Kòman Pòl te sove lavi pasajè yo?
10. Ki sak te pase bato a?
11. Ki sak te pase pasajè yo?

POU ETID SIPLEMANTE

1. Kòmanse yon kat fè desen sou vwayaj Pòl lavil Wòm nan. Pati soti depi Sezare.
2. Pran Pòl kòm egzanp, bay opinyon ou sou kòman nou kapab ogmante enfliyans nou devan moun ki antoure nou.
3. Esplike poukisa ou kwè Lik te mete nan liv Travay yo istwa trè long tanpèt ak nofraj sa a.

CHAPIT 30

NAN WOM TOU

Li Travay 28

KEKSYON POU PREPARASYON

1. Kisa ki te rive Pòl Malt?
2. Ki ankourajman Pòl te resevwa lè l' rive toupre Wòm?
3. Kòman Jwif Wòm yo te resevwa mesaj Pòl la?
4. De ki privilèj Pòl te jwi lavil Wòm?

ENTWODIKSYON

Malgre batiman Pòl ak zanmi l' yo t'ap vwayaje a te kraze konplètman, tout moun ki te abò yo rive atè anbyen san danje. Nofraj la te rive paske yo pat koute konsèy Pòl la; men yo tout te sove paske yo te koute konsèy Pòl te ba yo apre a.

1. Malt

Lè moun ki fè nofraj yo te rive atè sou kòt la, moun ki t'ap viv nan zile a kote batiman an te koule a yo te kouri vin wè. Sa se zile Malt jan yo rele l' kounye a. Lik te fè referans natif natal yo kòm «kriyèl». Sa vle di moun sovaj gwosye. Moun grèg yo te konsidere nenpòt moun ki pale yon lòt lang ki pa Grèk «se yon mechan kriyèl». Moun peyi a te limen yon boukan pou pasajè yo ak maren yo chofe e seche rad yo, paske lapli t'ap tonbe anpil. Pandan Pòl t'ap ranmase kèk ti fachin bwa mete nan dife a konsa, te gen yon sèpan ki te soti nan yon twou bwa poutèt chalè difè a te ba li, li vlope nan men Pòl epi l' te mòde l'. Lè moun zile yo te wè sa, yo te panse Pòl se te yon kriminèl, paske li anpèn chape anba lanmò nan lanmè a, men li te kondannen pou l' mouri yon mò sibit. Men Bondye te fè yon mirak. Mòde sepan an pat fè Pòl okenn domaj. Epi lè moun yo wè sa, yo te sezi, e yo te chanje opinyon yo konplètman, yo te kwè se yon bondye Pòl te ye.

Pibliyis, ki te pi grannèg nan zile a, li te envite Pòl ak zanmi li
yo lakay li, pandan twa jou, etan yo te la konsa papa Pibliyis te gen
yon lafyèb, epi Pòl te lapriyè pou li, li geri li. Avèk sa, repitasyon
Pòl te vin ogmante anpil pami moun nan zile yo, epi anpil moun te
vin chache gerizon tou. Nou kapab asire Pòl pat sèlman geri moun
yo, sinon l' te preche yo levanjil la tou. Se pou sa tou, lè yo te fini yo
te reyisi kontinye vwayaj la, yo te di kòmandan an ak prizonye yo
orevwa, ak anpil respè.

2. Vwayaj La

Pami tout batiman ki te pase livè tan fredi a nan lil Malt la, te
genyen yon bato Aleksandri ki t'ap pote yon chajman gren al lavil
Wòm. Kòmandan an te rezève pasaj pou solda yo ak prizonye l' yo, epi
yo te leve lank pou y'ale Wòm, yo fè eskal nan diferan pò sou wout la.
Lè yo rive Pouzòl, kote yo te jwenn kèk frè la ki te resevwa yo avèk bra
louvri, yo te mande pou yo pase yon senmenn ak yo. Akòz pèmisyon
kòmandan an te ba yo a, sa demontre gran respè li te gen pou Pòl.
Depi Pouzòl gwoup la te kontinye vwayaje patè al Wòm. Nouvèl
li te rive anvan l', epi anpil nan frè Women yo te soti al rankontre
jouk nan Mache Apiyis ak nan Kalfou Twa Kafe (yon pèp ki rete yon
distans 50 a 70 kilomèt ak Wòm konsa), pou yo te ka resevwa l'. Sa
se te yon bagay ki te soulaje apòt la anpil.

3. Nan Wòm

Lè yo rive Wòm, yo te bay Pòl pèmisyon pou l' rete nan yon kay
apa pou kont li, li pat nan prizon, men li te toujou avèk yon solda, o
plizye gad. Apre li fin pase twa jou konsa Wòm, tout lidè Jwif yo te
fè apèl yon reyinyon. Li te enfòme yo arete l' akòz jalouzi Jwif yo
ak rayisab Jwif Jerizalèm yo. Jwif Women yo te reponn li yo pat gen
okenn enfòmasyon ki soti Jerizalèm kont Pòl. Yo te swaf anpil pou
koute tou sa li te gen pou di e yo te rive ale jouk lakay li pou tande
predikasyon l' la. Pòl te pale avè yo, e «Pòl t'ap ba yo esplikasyon: li
t'ap fè yo konnen gouvènman Bondye ki wa a. Li pran lalwa Moyiz la
ak liv pwofèt yo, li t'ap chache fè yo rekonèt ki moun Jezi ye». (28:23).
Gen kèk nan Jwif yo ki te kwè nan predikasyon Pòl la. Men lòt yo

non. Lè Pòl wè li pa ka mete yo tout nan yon akò general, Pòl te fè yo sonje pawòl Ezayi, ki pale sou danje enkredilite a. Apre sa, Pòl di yo: «Kounye a, nou fèt pou nou konnen Bondye fè moun lòt nasyon yo konnen l'ap delivre yo tou. Yo menm, y'ap tande li» (28:28). Pòl te rete Wòm kòm dezan konsa. Li te kontinye viv nan yon kay li te lwe, avèk yon solda (gad). Moun te ka antre soti lib pou wè li, Pòl te ka kontinye lèv li depi kote li te ye a, «li t'ap preche gouvènman Bondye ki wa a, li t'ap montre moun yo tout bagay sou Jezikri» (28:3).

Lik pat di nou, si se isit la lavi ak misyon Pòl te fini. Senpleman se konsa liv Travay yo fini. Lik, nan rakonte istwa l' la, li te mennen Pòl rive jouk Wòm, nan sant monn nan yo te konnen lè sa a. Alò, konsa pwomès Kris te bay nan Travay 1:8, te konpli. Levanjil la dwe rive jouk nan denyè bout latè. Se konsa Lik fin rakonte istwa a.

KEKSYON SOU ETID LA

1. Kòman moun Malt yo te resevwa moun yo ki te viktim nan nofraj la? (v.2)
2. Ki bagay ki te rive Pòl lè li t'ap chofè bò kote difè a?
3. Kòman moun Malt yo te entèprete mirak sa a?
4. Kisa Pòl te kapab fè pou moun nan zile sa a?
5. Ki klas orevwa moun Malt yo te fè pou Pòl?
6. Ki sak te pase nan Pouzòl? Ak nan Mache Apiyis la, e nan Kalfou Twa Kafe a?
7. Sou ki tèm Pòl te pale ak Jwif Wòm yo?
8. Kòman Jwif Wòm yo te reponn levanjil la?
9. Kòman Pòl te pase jou yo li te fè nan prizon Wom nan? Kòman kondisyon lavi li te ye e nan kisa li te pase tan l'?

POU ETID SIPLEMANTE

1. Fini kat ou fè pou montre vwayaj Pòl te fè Wòm nan.
2. Ekri yon konpozisyon: «Di poukisa travay misyonè Pòl la te gen tout siksè sa yo».
3. Fè rechèch nan kòmantè, ensiklopedi ak lòt liv ki gen referans, ekri yon konpozisyon sou tèm nan: «Lavi ak misyon Pòl apre Travay 28».

CHAPIT 31

MWEN MENM KI NAN PRIZONYE POUTET SENYE A, M'AP MANDE NOU

Li Efèz, Filip, Kolòs, ak Filemon

KEKSYON POU PREPARASYON

1. Kisa ki baz istotik chak lèt sa yo?
2. Ki doktrin yo reyalize nan lèt sa yo?
3. Kisa lèt sa yo montre sou lavi kretyèn nan?

ENTWODIKSYON

Nan dènye chapit nou sot etidye lavi Pòl jouk nan dènye bout liv Travay. Men se pa la lèv Pòl la te fini. Lik di nou «Pol te rete pandan dezan nan yon kay li te lwe. Li te resevwa tout moun ki te vin wè li. Li t'ap fè konnen gouvènman Bondye ki wa a, li t'ap montre moun yo tout bagay sou Jezikri, Senyè a karèman san pèsonn pat janm chache l' kont» (Travay 28:30-31). Pandan epòk sa a Pòl te kontinye lèv li a ak korespondans tou. Lèt nou etidye nan chapit sa yo se sila yo Pòl te ekri depi nan prizon Wòm nan.

1. Dat Ak Moun Li Te Ekri Yo

Lèt sa yo petèt te ka ekri ant lane 60 e 62 d.K (apre Kris) se dat sa yo toujou bay konsènan lè Pòl te tonbe nan prizon premyè fwa a.

Lèt ki ekri pou Efèz yo se li menm sèl ki gen dout yo pa konnen ki moun ki resevwa l' pami lòt kat yo. Pwoblèm nan soti nan kèk maniskri ansyen ki pa mansyone fraz nan vèsè 1 nan, «ki nan Efèz la». Donk, se poutèt sa, kèk gran konesè kwè ke «Efèz» pi byen se te yon lèt ki te pou sikile nan legliz Lazi Minè yo epi se pat pou legliz ki nan lavil Efèz la. Byen posib yo te voye l' Efèz premyèman, epi apre sa pou sikile l' nan lòt legliz Lazi Minè yo.

Lèt Filip yo se pou kretyen Filip la yo li te ekri, se premyè vil Lewòp kote Pòl te preche levanjil la. Legliz ki te fòmen a, se te premyè legliz Lewopeyen, e li te fidèl nan bay ofrann pou apiye lèv Pòl la pandan tout tan.

Lèt Kolòs la te ekri nan yon ti vil ki gen yon distans 160 kilomèt sou bò solèy leve peyi Efèz, nan Lazi Minè. Byen posib legliz sa a se pa Pòl ki te fonde l', osinon kèk nan moun ki t'ap ede l' yo. Sa te kapab byen pase lè Pòl te vizite Efèz la, «lè tout moun ki te rete nan pwovens Lazi a, Jwif kou moun lòt nasyon yo, yo tout te tande pawòl Senyè» (Tr. 19:10).

Lèt Filemon an se pou yon manm nan legliz Kolòs la li te ekri epi li te trete sou yon pwoblèm espesifik.

2. Entansyon An

Kèk fwa nou rele lèt sa yo lèt Kristolojik Pòl yo. Paske li bay travay Senyè Jezikri a anpil enpotans nan yo, e li aplike travay sa a nan konfyans ak lavi legliz yo. Chak Lèt gen yon pwen patikilye kote li mete anpil enpòtans. Nou ka wè Efèz li menm li pale sou relasyon ki egziste ant Kris ak legliz la. Filip li menm li prezante Kris kom rezon ki fè n'ap toujou rete ansanm nan kè kontan kretyen an. Nan Kolòs Pòl reyalize pouvwa Kris la sou tout bagay yo ni lèzòm kou lezanj, e li atake yon fo doktrin ki refize asepte siperyorite Kris la. Nan Filemon, Pòl prezante Kris kou moun ki fonde fratènite pami kretyen yo.

3. Plan Yo (Desen an)

Nou pa prezante yon plan sou lèt Filemòn.

4. Sa Li Gen Ladann (Konteni an)

Gen anpil bagay ki repete nan kat lèt sa yo. Nou ka wè nan lèt Efèz ak Kolòs yo, non sèlman yo gen resanblans annegad tèm yo, men yo gen resanblans annegad langaj yo tou. Sa pa vle di ke kèk nan lèt sa pa gen enpòtans, donk yo chak yo ede nou konpran plis nan konfyans ak lavi kretyèn nan. Pase nou rezime yo chak nan Lèt sa yo, nou va rete isit la sèlman pou siyale nan ki sans espesyal yo chak kowopere.

Ansèyman Sou Konfyans Kretyèn Nan

Liv Efèz la kòmanse avèk yon chapit ki pale sou pisans Bondye jan li chwazi moun li vle pou vin pitit li yo. Pòl montre nou chwazi Bondye a se li ki sous tout benediksyon espirityèl nou yo; li te chwazi nou «pou nou te kapab viv apa pou li, pou n' te san repwòch devan li, nan renmen li renmen nou an» (1:4); epi entansyon chwazi li chwazi nou an, se pou montre sajès ak lagras Bondye. Pòl toujou di se nan Kris li te chwazi nou e rachte nou. Li pale sou chwa Bondye a ki depase tout lòt la, nan yon sans pou apiye gran renmen ak entansyon san tach Bondye ki chita pèmanant dèyè travay Kris fè pou nou e nan nou an.

Nan de lòt chapit pi devan yo, Pòl kontinye fè yon deskripsyon sou ki fòm Kris te delivre nou e li te bati legliz li a. Jouk anvan vini Kris la, lemonn te divize ant Jwif ak moun lòt nasyon, moun sikonsi ak moun ki pa sikonsi. «Men kounye a, nan Jezikri, nou menm yon lè t'ap viv lwen Bondye, nou vin toupre l', gremesi san Kris la ki koule lè li mouri pou nou an» (Efèz 2:13). Depi lè sa a, legliz Bondye fòme avèk Jwif e moun lòt nasyon, yo tout vin fè yonn gremesi travay Senyè Jezikri l' la.

Liv moun Filip yo gen yon gran pasaj sou imilyasyon Kris la. Nan yon entansyon pou montre lezòm ki jan yo dwe rabese tèt yo nan obeyisans, Pòl esplike nan yon fòm kout, men byen klè sou rabèsman Kris la. Kris te toujou prèt pou kite kondisyon divin li nan syèl la, pou vini tounen moun. Se poutèt sa nou ka di li pafètman obeyisan nan rabese tèt li. «Se poutèt sa, Bondye te leve l' mete chita kote ki pi wo a. Li ba li yon non ki pi gran pase tout lòt non. Konsa, tout sa ki nan syèl la, tout sa ki sou tè a ak anba tè a, yo tout va mete jenou yo a tè devan Jezi, pa respè pou non Bondye te ba li a. Tout moun va rekonèt Jezikri se Senyè a. Sa va sèvi lwanj pou Bondye Papa a» (Filip 2:9-11). Pòl fè nou sonje nan pasaj sa a, Jezikri pat tout afè diven Sovè nou sèlman, men li te yon egzanp pafèt pou nou tou. Se nati nou li te pran lè l' te kite tout glwa li nan syèl la pou fè l' tounen moun. Pa konsekans, se li menm sèl nou dwe swiv, konsa tou se nan li menm sèl nou dwe mete tout konfyans nou.

Nan premye chapit yo nan liv Kolòs la gen yon deskripsyon ki fèt sou grandè Senyè Jezikri, kote Pòl montre se li ki pi siperyè pase nenpòt lòt bagay ki kreye. Pòl fè yon deskripsyon tankou sa a, «Kris se pòtre Bondye, Bondye nou pa ka wè a. Se li menm ki premye pitit li. Li te la anvan tou sa Bondye te kreye» (1:15). Li prezante l' tankou se ak li Bondye te kreye tout bagay, tankou moun ki gen otorite k'ap dominen tout bagay, e se nan li tout bagay jwenn plas. Tankou nan pwen pou Pòl fini ak opinyon l' la, li prezante Kris kòm tèt legliz la, se Bondye menm ki te vle tou sa l' ye a, se sa pou Kris la ye tou. Pòl te ekri tout bagay sa yo poutèt yon fo doktrin ki te leve nan legliz Kòlòs la, ki te refize rekonèt otorite siprèm ak siperyorite Kris la sou tout bagay. Te gen kèk moun ki te ensiste nan doktrin pou bay zanj yo glwa pase pou yo te onore Kris la. Yo te vle fè lwanj pou zanj yo menm jan tankou Kris la, konsa yo te kreye yon seri eskal nan sa yo panse lèzòm kapab rive jwenn Bondye. Yo te di tou, se pou kretyen yo pa mete yo nan pwoblèm lemonn nan tout fwa li posib. Yo te mete pwòp kondisyon pa yo nan plas kondisyon pa Bondye. Pòl te avèti moun Kolòs danje «Pou anyen, yo gonfle ak lògèy poutèt yon bann lide lèzòm yo mete nan tèt yo» (2:18). Li esplike règ imèn sa yo ki di «Pa pran sa, . . . pa manyen sa, . . . e pa bwè sa», se vre, bagay sa yo sanble yo bon, paske sa mande moun anpil volonte pou pran pòz zanj yo konsa, pou yo pran pòz pa vante tèt yo, pou yo fè bagay pou swadizan kraze pouvwa lachè nan kò yo. Men, tou sa pa vo anyen. Paske, atousa, yo pa ka rive domine egzijans lachè a. Lè nou obeyi yo, sa fè nou santi nou trè ògeye e nou santi nou satisfè tèt nou. Men, nou dwe konnen pa gen okenn lwa imèn ki ka fè nou rive nan vrè sentete a e gen kominyon avèk Bondye.

Ensèyman yo Sou Lavi Kretyèn nan

Pòl abode anpil tèm pratik nan lèt sa yo; men nan chak liv yo gen kèk bagay espesifik nou dwe fikse antansyon espesyal nou.

Chapit sis liv Efèz la se yon pasaj ki trè distenge. Pòl ap pale isit la sou zam yon kretyen; li fè nou sonje nou pa kapab batay kont peche avèk pwòp fòs pa nou, sinon sèlman lè nou itilize fason Bondye ban nou. Avrè di, nou ta dwe memorize pasaj sa a pou nou konprann li pafètman byen.

Liv Filip la fè nou sonje enpòtans sa genyen pou kretyen toujou gen kè kontan. Pòl pale ki jan li te kontan anpil fwa, e ki jan kretyen Filip yo te kontan tou. Pòl te aprann rete nan kè kontan ni nan advèsite tankou nan pwosperite; se poutèt sa li egzòte moun Filip yo pou yo fè menm sa tou. Pòl di, «Se pou nou toujou kotan nan lavi n'ap mennen ansanm nan Senyè a. M'ap repete l' ankò: Fè kè nou kontan anpil» (4:4). Se konsa nou dwe ye, se pa paske pa gen pwoblèm nan lavi a, sinon akòz prezans Kris la. Pòl te kapab di, «Si nou wè m'ap pale konsa, se pa paske kounye a mwen nan nesesite. Paske nan lavi, m'aprann kontante tèt mwen ak sa m' genyen. Mwen konnen sa ki rele viv nan mizè, mwen konnen sa ki rele viv nan richès. Kit mwen pa gen ase, kit mwen gen plis pase sa m' bezwen, nan tout sikonstans m'aprann kontante tèt mwen toupatou ak sa mwen genyen. Nenpòt sitiyasyon ki parèt devan mwen, m'ap degaje m' gremesi Kris la ki ban mwen fòs kouraj» (4:11-13). Pa gen anyen ki kapab retire kontanman Pòl nan Senyè a ni diminye'l.

Liv Kòlòs la gen si bèl pasaj la, nan sa Pòl egzòte pou nou pa chache bagay ki sou latè, men bagay ki anwo nan syèl la. Paske nou te mouri ansanm ak Kris, e nou leve soti vivan nan lanmò avèk li. Pòl di «Pa kite bagay ki sou latè pran tèt nou, mete lide nou sou bagay yo ki anwo nan syèl la» (3:2).

Gen kèk pasaj yo tou nan Efèz kòm nan Kolòs ki pale sou relasyon fanmi yo, sa a se yon tèm, san dout, ki gen anpil enpòtans. Pòl di nan toulede lèt sa yo, timoun yo dwe obeyi papa ak manman yo, e papa ak manman yo dwe aji ak timoun yo nan bon jan pou pa eksite yo. Sa se bon prensip yo ye, se pa pou lavi nan fanmi an sèlman, men tou, pou komès yo, legliz la, e pou tout lòt kote lèzòm ap travay ansanm tou. Moun ki anba lòd chèf yo dwe sèvi ak obeyisan e moun ki nan gran plas chèf yo tou, yo dwe aji byen avèk renmen nan kè yo pou moun ki anba lòd yo.

Liv Filemon an se yon egzanp sou kòman lavi kretyèn nan dwe ye. Onezim, esklav Filemon an, te vòlè lajan e l' te sove l'al kache Wòm. Li te jwenn ak Pòl laba, e li te konvèti. Pòl te pran desizyon l' pou l' voye l' tounen jwenn Filemon, ansyen mèt li, e li te ba li lèt sa a, pou Filemon ta ka resevwa l' anbyen e aji avèk li nan bonte. Nou wè lajistis, ak renmen kretyen an manifeste nan lèt la.

KEKSYON SOU ETID LA

1. Kilè e ki kote yo te ekri lèt sa yo?
2. Poukisa yo te ekri yo chak?
3. Kopye twa vèsè isit nan (Efèz 1) ki montre Bondye chwazi lèzòm pou yo ka delivre a, se gremesi Kris la.
4. Kisa Bondye te fè pou nou nan Kris? (Efèz 2)
5. Poukisa Bondye te bay diferan moun anpil diferan kalite kado? (EFèz 4)
6. Ki lòd Pòl te bay pou mari yo ak madanm yo?
   (Efèz 5:22 a kontinye; Kolòs 3:18 a kontinye)
7. Ki lòd Pòl te bay pou paran yo ak timoun yo? Efèz 6;
   Kolòs. 3:18 a kontinye)
8. Ki lòd Pòl bay pou anplwayè yo ak patwon yo?
   (Ef. 6:5 a kontinye e Kolòs 3:18 a kontinye)
9. Avèk ki zam kretyen an ame l' pou l' lite kont Satan?
   (Efèz 6:10 a kontinye)
10. Nan ki fòm Kris se egzanp pou nou nan rabese tèt kretyen an? (Filip. 2)
11. Kisa ki siperyorite Kris sou tout bagay?
    (Kolòs 1: 9 a kontinye)

12. Kont kilès doktrin Pòl mete moun Kòlòs yo an siveyans? (Kolòs 2:8 a kontinye)
13. Kòman Pòl chache konvenk Filemon pou l' resevwa Onezim an byen avèk renmen?

POU ETID SIPLEMANTE

1. Ekri yon pasej pou pi piti avèk 300 mo, sou tèm nan: «Pèsonalite e travay Kris la».

PATI 5

GWO RICHES
LEV KRIS LA

CHAPIT 32
YON BON SEVITE JEZIKRI

Li I ak II Timote ak Tit

KEKSYON POU PREPARASYON

1. Kisa ki baz istwa lèt sa yo?
2. Ki diferans li gen ak lèt Pòl yo?
3. Ki bagay ki gen plis enpòtans nan lèt sa yo?

ENTWODIKSYON

Nan dènye chapit liv Travay yo, Pòl te nan yon prizon Women. Se depi nan prizon sa a, li te ekri lèt yo nou te etidye nan chapit 31 an. Li sanble ke yo te lage Pòl nan prizon an, e li te kontinye vwayaj misyonè l' yo apre. Men li te tonbe nan prizon ankò, lè Newon te kòmanse ap pèsekite kretyen yo. Lèt yo nou pral wè nan chapit sa a se yo menm Pòl te ekri dezyèm fwa li te tonbe nan prizon an. Nan premyè prizon Pòl la, li te kwè li va gen libete l' byen vit; men nan lèt sa yo li ekri Timote ak Tit la, nou wè moman sa a li deja pa gen espwa l'ap soti vivan nan prizon an. Sa yo se dènye lèt nou genyen ki pale sou ekriti Pòl.

1. Dat Ak Moun Li Te Ekri Yo

Dat yo bay sou dezyèm prizon Pòl la, jeneralman yo mete dat li ant lane 63 e 67 d.K. (apre Kris). Li byen posib Pòl te ekri lèt I Timote ak Tit la okòmansman dezyèm tou prizon sa a, epi li te ekri II Timote lè l' te prèske lage nan prizon an. Timote ak Tit se te jenn minis ki t'ap ede Pòl nan lèv misyonè l' yo. Kounye a yo t'ap sèvi nan legliz Pòl te fonde yo. Timote te minis nan Efèz e Tit te minis nan legliz nan zile Krèt la.

2. Entansyon An

De lèt sa yo pale sou sa pou yo te mete an pratik nan legliz yo. Pòl pale sou pwoblèm de jenn ki t'ap travay ansanm ak li yo te genyen, e l' di kisa pou yo fè konsènan gouvènman legliz yo.

3. Plan Yo (Desen yo)

I Timote Chapit

II Timote Chapit

Tit Chapit

4. Sa Li Gen Ladann (Konteni a)

Lèt sa yo pale sou òganizasyon legliz la pi plis pase okenn lòt lèt Pòl yo. Nan I Timote 3, ak nan Tit 1, Pòl fè yon lis sou kondisyon chèf reskonsab k'ap dirije nan legliz Kris la dwe genyen. Chak chèf reskonsab k'ap dirije dwe konnen Pawòl Bondye a byen, e li dwe mennen yon vi kreyèn egzanplè. Chèf reskonsab k'ap dirije nan legliz yo se reprezante Senyè Jezikri yo ye devan lèzòm nan yon fòm espesyal. Yon chèf reskonsab k'ap dirije ki bay fo doktrin, o ki pratike sa ki mal, li dezonore non Jezikri. Donk, règ yo pou moun ki reskonsab nan legliz la yo trè sevè.

Nan I Timote, Pòl ofri enstriksyon yo pou fanm nan legliz la yo tou. Li di yo dwe senp e soumèt. Bèlte fanm kretyèn yo se pa fè gwosyez, gwo kwafi mete gwo bijou lò ak bèl grenn pèl ni rad ki koute chè sou yo. Bijou ki bon pou yon fanm ki di l'ap sèvi Bondye se fè sa ki byen. Fanm yo dwe sonje yo te kreye pou yo ede gason; yo pa anseye ni yo pa gen otorite nan legliz la; men pi byen yo dwe rete avèk soumisyon lè y'ap resevwa enstriksyon.

Nan jou apòt yo, yon vèv pat gen okenn mwayen pou viv o pou soutni pitit li yo. Se pou sa legliz la te bay travay pou ede vèv yo anpil enpòtans. Pratik sa a te kòmanse depi byen bonè nan istwa legliz la (Travay 6), men kòm nenpòt lòt èd, se konsa pou pran swen vèv yo ta kapab mal administre. Se pou sa menm, Pòl te bay enstriksyon yo byen ak tout detay sou ki fanm ki dwe antre nan lis vèv yo (I Ti. 5:3-16).

Pòl pale nan lèt sa yo kòman kretyen yo dwe mennen kò yo. Lè nou li enstriksyon sa yo, nou konprann relasyon yo ant legliz la ak gouvènman sivil la t'ap vin pi mal. Okòmansman yo te gen anpil tolerans pou relijyon kretyèn nan lavil Wòm. Tikras pa tikras, tolorans sa a t'ap vin konvèti an pèsekisyon. Pòl te wè se sak t'ap vini, e se pou sa li te bay enstriksyon pou ede legliz la defann tèt li anba danje pèsekisyon yo. Kretyen yo dwe lapriyè pou otorite yo. Yo pa dwe chache fè yon revolisyon sosyal. Esklav yo dwe kontinye sèvi kòm esklav, epi yo dwe sèvi kòm esklav ki pi bon, paske se kretyen yo ye. Sitou, pèp Bondye a li dwe swiv lajistis, bonte ak renmen nan kè l'.

2 Timote 3:16 se yonn nan deklarasyon ki pi bèl yo nou te kapab jwenn, sou tèm Sent Ekriti yo. Pòl di: «Tou sa ki ekri nan liv la, se nan Lespri Bondye a yo soti. Y'ap sèvi pou montre moun verite a, pou konbat moun ki nan lerè, pou korije moun k'ap fè fòt, pou montre yo ki jan pou yo viv byen devan Bondye. Konsa, yon moun

k'ap sèvi Bondye, li tou pare, li gen tout sa li bezwen pou l' fè tout sa ki byen» (3:16-17). Nan vèsè sa yo, Pòl di ankò enpòtans ki genyen nan pawòl Bondye a nan lavi yon kretyen. Bib la tout antyè itil pou edifye yon kretyen pou l' ka rive yon moun ki kapab sèvi Bondye avèk tout fidèlite. Pawòl Bondye a sitèlman itil, paske li se nan Bondye li soti, e se pa pawòl lòm li ye. Konsa se yon mwayen bondye voye gras sou pèp li a.

Lè Pòl ekri Lèt sa yo, li te konnen lèv pèsonèl li sou latè te prèske fini. Jenn gason sa yo li t'ap ekri yo te kontinye travay la. Pòl te konnen travay la pa t'ap fasil. «Lespri Bondye di sa byen, nan dènye tan an, gen moun k'ap retire konfyans yo nan Bondye. Yo pral obeyi yon bann lespri k'ap bay manti, yo pral swiv yon bann pawòl ki soti nan move lespri yo» (I Timote 4:1). Va gen anpil mechanste, pase pou lèzòm ta renmen Bondye, y'ap renmen pwòp tèt yo, ak renmen plezi anpil. Enfidèlite sa a asireman se va yon bagay k'ap dekouraje moun ki vle fè bon minis Jezikri yo. Sepandan, malgre difikilte sa yo pral rankontre yo, minis levanjil yo dwe fidèl nan travay la, pou yo swiv egzanp Pòl la, epi kwè fidèlman Bondye li menm li va etabli e beni Pawòl li.

KEKSYON SOU ETID LA

1. Kilè Pòl te ekri lèt sa yo?
2. Ki entansyon Lèt sa yo?
3. Ki reskonsablite Pòl te bay Timote?
   (I Timote 1:3 a kontinye; 6:11 a kontinye).
4. Kisa Pòl di sou fanm kretyèn? (I Timote 2:8 a kontinye; 5:3 a kontinye).
5. Ki kondisyon pou yon moun kap dirije nan legliz?
   (I Timote 3; Tit 1:5 a kontinye).
6. Ki kondisyon pou yon moun ki gen reskonsablite dyak?
   (I Timote 3:8 a kontinye).
7. Kòman Pòl te vle pou kretyen yo mennen bak yo? (Tit 2)
8. Nan ki bagay yo dwe ensiste e ki bagay yo dwe evite?
   (Tit 3)
9. Selon 2 Timote 2, kòman Timote te dwe swiv egzanp:
   Yon Solda, yon Atlèt, yon Agrèkiltè?

10. Kisa Pòl di konsènan Ekriti yo? (2 Timote 3:15 a kontinye)
11. Ki egzòtasyon final Pòl bay Timote
    (2 Timote 4:9 a kontinye)

POU ETID SIPLEMANTE

1. Kisa ki reskonsabilite minis yo?
2. Ki reskonsabilite manm legliz yo genyen?

CHAPIT 33

NOU GEN GWO GRAN PRET LA

Li Ebre

KEKSYON POU PREPARASYON

1. Kisa ki baz istorik liv Ebre a?
2. Kilès e kisa Kris depase?
3. Pouki sa a Lèt sa leve siperyorite Kris la konsa?

ENTWODIKSYON

«Nouvo a kache nan Ansyen an; epi Ansyen an revele nan Nouvo a». Nou pa janm pretann ke Ansyen Testaman an sifis pou kont pa li menm; li bezwen Nouvo Testaman an pou konplete l'. Pa gen moun ki dwe panse ke li ka konprann Nouvo Testaman an pou kont li; Ansyen an nesesè pou ba l' api. Pa gen nan okenn lòt liv yo demontre sa pi klè pase nan liv Ebre yo. Se nan li eleman Ansyen ak Nouvo Testaman yo kontre, pou demontre Jezikri se moun ki konpli tout pwomès yo Bondye te bay pou pèp Izrayèl la.

1. Moun Ki Ekri A

Nou pa konnen kilès ki te ekri liv sa a. Anpil moun kwè se apòt Pòl, men sa gen anpil dout nan li. Premyèman, lèt Ebre yo genyen yon estil diferan ak tout lòt lèt Pòl yo. Dezyèmam, moun ki ekri liv Ebre yo idantifyè li menm tankou yonn nan moun ki tande pawòl Bondye a nan bouch apòt yo (2:3); men, sepandan Pòl te toujou trè jalou pou ensiste di levanjil li a vini dirèkteman sot nan Senyè Jezikri. Kèk gran konesè, asire se pa Pòl ki ekri lèt sa a, yo sipoze se lòt moun ki te ka ekri l', tankou Banabas o Apolòs. Li pi bon pou nou ta di, nou pa konnen ki moun ki te ekri l' pito!

2. Dat Ak Moun Li Te Ekri Yo

Nou pa asire, sou dat Lèt sa a li te ekri nonplis. Kèk moun date l' apre destriksyon Jerizalèm nan, pou byen di, nan lane 80 a 90 d.K. (apre Kris). Gen kèk lòt yo ki kwè liv la te ekri anvan destriksyon Jerizalèm nan, oswa, anvan lane 70 d.K. (apre Kris). Se pou Jwif la yo yo te ekri l', men nou pa konnen ki kote yo te rete. Antouka, nan tout kote yo sipoze yo, se Wòm ki sanble ki pi pwobab.

3. Entansyon An

Liv Ebre a te ekri pou demontre ke relijyon kretyèn nan li siperyè pase relijyon nan Ansyen Testaman an; paske Kris li menm li pi gran pase tout eleman yo nan relijyon Ansyen Testaman an. Lotè a ekri Jwif yo ki te an danje pou renonse bon religyon yo, e tounen nan fo relijyon Jwif la. Entansyon lèt sa a se te pou fè yo wè li nesesè pou yo rete fidèl nan Kris.

4. Plan An (Desen an)

Ebre Chapit

5. Sa li gen ladann (Konteni a)

Lèt Ebre yo pa gen entwodiksyon. Moun ki ekri l' la antre touswit nan tèm li. Premyè pawòl yo nan lèt sa a verifye revelasyon Bondye nan Ansyen Testaman an avèk revelasyon Bondye nan Nouvo Testaman an. Nan Ansyen Testaman an, Bondye te bay revelasyon sa a nan kèk aparans ki trè kout e nan diferan dat. Li te pale yo nan pwofèt yo ki te sèvi kòm pòtvwa Bondye. Men nan Nouvo Testaman an, Bondye te pale ak nou nan yon fòm pafèt e konplèt nan Pitit li a. Konsa moun ki ta li Lèt sa pap pèdi gwo siyifikasyon pwogrè sa a, men sa li di sou Pitit la: «Se li menm tou Bondye chwazi pou eritye tout bagay, lè sa va fini nèt. Pitit sa a reflete limyè bèl pouvwa Bondye a, se bon pòtre Bondye li ye. Se li menm k'ap soutni tout bagay ak pouvwa pawòl li. Lè li fin delivre moun anba peche yo, li monte chita anwo nan syèl la, sou bò dwat Bondye Gran Wa a» (Ebre 1:1-3). Kisa pou yo ta di plis sou yon Moun?

Kris gen plis pouvwa pase Zanj yo

Ni Jwif yo tankou kretyen yo te kwè se atravè zanj yo Bondye te bay lwa yo nan Ansyen Testaman an (Travay 7:38; Galasi 3:19). Se poutèt sa, lotè a pat kapab fè konparezon Kris avèk pwofèt yo san l' pat fè l' avèk zanj yo tou. Li itilize tèks yo yonn apre lòt nan Ansyen Testaman an, li apwouve Kris gen plis pouvwa pase zanj yo nan nenpòt kondisyon. Premyèman Kris la genyen yon pozisyon ki pi wo pase yo tout, paske li te chita bò dwat Bondye Papa a, sepandan yo se lespri ki la pou sèvi. Dezyèman, se pa zanj yo reyèlman, men lèzòm Bondye mete pou dominnen latè, e nan moun k'pa vini an. Kris pat pran fòm yon zanj, men fòm yon nonm pou li kapab delivre pèp li a.

Kris gen plis pouvwa pase Moyiz

Moyiz se yon pèsonaj ki te pi gran nan tout Ansyen Testaman an. Li te kaptenn, e se li menm ki te rachte pèp Israyèl anba lesklavaj nan peyi Lejip. Li te pase tout lavi li l' ap sèvi kòm medyatè ant Bondye ak pèp Izrayèl. Se poutèt sa tou, ki fè lotè a konpare Kris ak Moyiz. Li fè wè Moyiz te yon sèvitè nan kay Bondye tankou yon Pitit. Sa pat diminye laglwa ak lonè Moyiz pou sa, sinon pi byen li te demontre mayifik glwa Senyè Jezikri a.

Kris gen plis pouvwa pase granprèt yo

Kounye a li prezante Sovè nou an tankou gran prèt la, ki pi wo pase syèl la, e li gen konpasyon pou tout bezwen nou yo, se sèlman bò kote l' nou kapab ale pou jwenn mizèrikòd ak lagras, lè nou nan bezwen. Pèsonn pa kapab deside pou kont li, li se gran prèt san li pa rive prèt. Li dwe resevwa apèl Bondye pou ofis sa a. Bondye te rele Arawon ak pitit li yo pou fè prèt, men Kris se pat fanmi Arawon li te ye. Se te moun tribi Jida li te ye. Kòman, donk, li te kapab fè prèt? Jezi se yon prèt selon lòd Mèlkisedèk (Jen. 14). Abraram te montre pwòp enferyorite pozisyon l', lè l' te peye Mèlkisedèk ladim. Abraram te gen plis pouvwa pase desandans li Arawon. Alò se poutèt sa tou, Mèlkisedèk te gen pi gran pouvwa pase Arawon, e Kris Gran Prèt selon lòd Mèlkisedèk la, li gen plis pouvwa pase prèt yo selon lòd Arawon. Kris pat sèvi nan yon tabènak o nan yon tanp, menm jan tankou prèt Ansyen Testaman yo te konn fè. Li pap pote yon sakrifis chak moman ankò. Pi byen, li la ap lapriyè nan syèl la, l'ap pote yon sèl sakrifis ki se pwòp san li. «Konsa, Jezi se granprèt nou te bezwen an. Li bon nèt, li pa janm fè okenn bagay ki mal, ni okenn peche. Yo mete l' apa, yo wete l' nan mitan moun k'ap fè peche yo. Bondye leve l', li mete l' pi wo pase syèl la. Li pa tankou lòt granprèt yo. Li pa bezwen ap ofri chak jou yon bann bèt pou touye pou peche pa l' yo anvan, epi pou peche pèp la apre sa. Li pa nan sa li menm. Li fè yon sèl ofrann fini ak sa lè li te ofri tèt li a» (7:26-27).

Kris gen plis pouvwa pase Ansyen Kontra a

Moun ki ekri liv Ebre a esplike avèk anpil prekosyon nan chapit 9 e 10 la seremoni yo ak kote yo te mete apa nan tanp Ansyen Testaman an pou Bondye a. Konsa tout aranjman pou adorasyon ak ofrann yo nan Ansyen Testaman an, se senbòl ki reprezante Kris la yo te ye. Kris te konpli tou sa ki te senbolize nan ti kote apa pou Bondye a nan Ansyen Testaman. Prèt nan Ansyen Testaman yo te sèvi nan kote yo mete apa pou Bondye a isit sou latè; men nan syèl la menm Kris ap konpli travay li, li menm. Se avèk rit ak seremoni yo te konn pirifye ti chanm yo te mete apa pou Bondye a nan Ansyen Testaman an, men kote ki apa tout bon vre nan syèl la se gremesi gwo ofrann Kris la. Prèt nan Ansyen Testaman yo te konn repete menm ofrann yo chak fwa; konsa tou Kris te ofri tèt li pou li mouri yon sèl fwa sou la kwa. Travay Senyè Jezikri a nan nouvo Kontra a se akonplisman tou sa Bondye te pwomèt nan Ansyen Testaman an . . . «Ma padonnen sa yo fè ki mal, mwen pap chonje peche yo ankò» (Jer. 31:34).

Plas Konfyans La

Leglis kretyèn nan te toujou montre se konfyans lèzòm mete nan Jezikri k'ap delivre yo. Mèt sa yo nan legliz primitiv la te vle fè moun tounen nan religyon Jwif la ankò, yo te montre se pa konfyans la ki delivre lèzòm sèlman, men fè byen tou. Moun ki ekri liv Ebre a, ap lite kont ansèyman sa a pou montre menm sen Ansyen Testaman yo se konfyans yo ki fè Bondye te fè yo gras, se menm jan tankou pèp Bondye a nan Nouvo Testaman an. Li di Abèl, Enòk, Noe, Abraram, Izarak, Jozèf, Moyiz, Izrayèl nan tan lontan an yo, Rarab ak jij yo, kòmsi konfyans yo te fè Bondye plezi. Egzanp sa yo apwouve sa l' di a. «Nou konnen pèsonn pa ka fè Bondye plezi si li pa gen konfyans nan Bondye. Moun ki vle pwoche bò kot Bondye, se pou yo kwè gen yon Bondye k'ap rekonpanse tout moun k'ap chache li» (Ebre 11:6).

Kèk Egzòtasyon Pratik

Etan l' fin demontre ke relijyon kretyèn nan te pi bon pase relijyon Jwif yo, epi apre l' fin fè yon apèl sou konfyans moun k'ap li yo, li fè konklizyon an ak kèk egzòtasyon pratik sou lavi kretyèn nan. Men jan li di l' la: «Konsa nou la nan mitan foul moun sa yo ki te montre jan yo te genyen konfayns nan Bondye. Ann voye tout bagay k'ap antrave kous nou jete byen lwen, ansanm ak peche a ki fasil pou vlope nou. Ann kouri avèk pasyans nan chemen Bondye mete devan nou an. Ann kite je nou fikse sou Jezi. Se nan li lafwa nou sòti, se li menm tou k'ap kenbe nou nan konfyans sa a jouk sa fini. Li kite yo fè l' soufri sou lakwa. Li pa pran wont sa a pou anyen, paske li toujou chonje apre l' te fin soufri, Bondye t'ap fè kè l' kontan. Ki fè kounye a li chita bò dwat fòtèy Bondye a» (12:1-2). Egzòtasyon yo nan seksyon sa a yo gen relasyon avèk tout sa l' te di anvan. Lotè a fè nou sonje anpil fwa sou bon pozisyon moun ki tande l' yo ap jwi, an konparezon ak pèp Bondye a nan Ansyen Testaman. Donk li mande yo pou yo viv pou Kris.

Fòs Espresyon An

Lè nou fè plan devlopman tèm liv Ebre a, nou sote kèk pasaj san nou pat revize yo. Amezi lotè a ap devlope tèm li a, li t'ap fè kèk aplikasyon chak enstan pou moun k'ap li yo. Li avèti yo danje ki genyen lè yo meprize delivrans Kris bay la (2:2-4). Li avèti yo danje ki genyen nan fè tèt di a, e li di yo pou yo pa fè kè yo di tankou pèp Izrayèl te fè a (3:7-19). Li avèti yo sou danje ki genyen nan tonbe a, apre yo fin aprann favè Bondye fè nou nan Jezikri a (6:4-8). Li envite yo asepte privilèj benediksyon ki genyen nan Kris la, e tounen vin jwenn Bondye avèk kè yo lave nan san Kris ki te koule a (10:19-23). Ton jeneral lèt sa a se pa ton yon mèt ki senpleman t'ap bay konesans, men pi byen jalouzi yon pastè ki konplètman enkyete pou erè manm nan twoupo l' la yo te kapab tonbe. Ekriven an mande yo ak anpil renmen nan kè l', pou yo pa abandonnen Senyè Jezikri, men pou yo rete fèm ak fidèlite nan li.

KEKSYON SOU ETID LA

1. Fè yon diskisyon sou kilès moun ki te kapab ekri liv Ebre a, e kilès li voye Lèt sa a bay?
2. Ki entansyon ekriven an lè l' ekri lèt sa a?
3. Di twa fòm ki montre ke Kris pi bon pase zanj yo (Ebre 1).
4. Poukisa Kris fè tèt li vin moun? (2:5 kont.)
5. Nan ki jan Kris te pi bon pase Moyiz? (Chap. 3)
6. Kòman Kris te gen kondisyon pou l' chèf prèt? (Chap. 5)
7. Poukisa li danjere anpil lè yon moun renonse Kris? (Chap. 4 a kont.)
8. Poukisa Kris se yon prèt selon lòd Mèlkisedèk? (Chap. 7)
9. Poukisa Bondye te fè yon Nouvo Kontra nan Kris (Chap. 8)
10. Nan ki sans sakrifis Kris la te pi bon pase sakrifis sèvis nan Ansyen Testaman? (Chap. 9:23 kont.)
11. Ki prèv nou jwenn sou konfyans: (a. Abèl, b. Enòk, c. Noe, d. Abraran, e. Moyiz? Chap. 11).
12. Fè yon deskripsyon avèk pawòl pa ou sou kous kretyen an nan (Chap. 12:1-2)
13. Ki egzòtasyon pratik yo ban nou nan Ebre 12 ak 13?

POU ETID SIPLEMANTE

1. Ekri yon paragraf ki gen 100 mo konsa, pou montre kòman yo te fè definisyon konfyans la nan liv Ebre 11:1, e kòman yo aplike konfyans nan Kris la.

2. Kòman w'aplike avètisman nan Ebre 6:4-8 e 10:19-30 yo nan lavi ou?

3. Chache yon diksyone o ensiklopedi biblik, pou ekri yon etid sou tèm nan «Lòd Mèlkisedek la»

CHAPIT 34

POU NOU PA TONBE

Li 1 ak 2 Pyè ak Jid

KEKSYON POU PREPARASYON

1. Ki baz istorik e ki entansyon chak lèt sa yo genyen nan yo?
2. Kisa Pyè montre sou soufrans la?
3. Kisa Pyè montre sou jou Lesenyè a?
4. Kisa mesaj Jid la ye?

ENTWODIKSYON

Pyè se apòt ki te pi enpòtan nan legliz primitiv la, epi se li menm ki te pèsonaj pi diskitenge nan premyè chapit liv Travay apòt yo. Men sepandan, nou wè Pyè pat yon gwo ekriven. Posibleman se paske li te pi byen yon pechè pwason e li pat yon etidyan prepare kou wè Pòl te ye a. Se jouk apre ta nan misyon Pyè li te ekri lèt li yo ki te vin fè pati Nouvo Testaman an. Nan chapit sa a la n' ap etidye lèt sa yo, ki gen relasyon avèk yon lèt kout Jid, ki te frè Jak, e frè Senyè Jezikri tou, ki te ekri.

1. Dat Ak Moun Li Te Ekri Yo

I Pyè te ekri pou Kretyen nan pwovens nò peyi Lazi Minè yo. Pòl li menm te gen tan travay nan kèk pwovens sa yo, men sanble Pyè te ekri legliz yo ki te plis sou nò sa Pòl deja te fonde yo. Pyè mansyone Babilòn, kòm depi kote li te ye a, li voye premyè lèt la (I Pyè 5:13), men gen kèk moun ki panse Babilòn se yon non kle ki refere lavil Wòm. Pa gen anyen ki di Pyè te rete Babilòn, Men wi gen prèv ki di li te visite lavil Wòm. Epit sa a te ekri ant lane 63 pou rive 65 d.K. (apre Kris).

Nou pa konnen se kiyès Pyè te ekri dezyèm epit la, ni kilès Jid te ekri pa l' la nonplis tou. Kèk gran savan kwè liv 2 Pyè a te ekri anpil

158

tan apre liv I Pyè a, sa vle di nan lane 67 d.K. (apre Kris), epi gen kèk
lòt ki panse ke l' pat ka ekri l' sinon jouk nan lane 80 o 85 d.K. Dat
epit Jid la te ekri a se yon pwoblèm, e nou pral diskite sa, pi devan.
Men nan yon fòm jeneral nou kapab di ke epit sa yo bay reflè yon dat
ki vin youk apre epit Pòl yo.

2. Entansyon An

Liv I Pyè a te ekri nan yon entansyon pou bay espwa, epi pou
ankouraje moun nan sentete, pandan moman soufrans. Dezyèm lèt
Pyè a te ekri pou fòtifye konfyans kretyèn nan pawòl Bondye a
pandan fo doktrin nan ap grandi a. Jid te ekri moun yo pou mande
«pou nou pran defans lafwa Bondye ki te bay yon sèl fwa a»

3. Plan (Desen An)

(Nou pa bay plan o desen Jid)

4. Sa Li Gen Ladann (Konteni An)

I Pyè

Se yon bagay ki trè klè ke moun Pyè te ekri yo nan lèt sa a, yo
t'ap soufri anpil akòz Kris la. Mo sa yo «soufri», «sipote», etc. nou
jwenn yo disèt fwa nan lèt sa a, e sèt nan yo se referans sou soufrans
kretyèn yo. Pyè avèti lektè l' yo, nan plizyè okazyon, sa k'ap tann yo

se soufrans yo, e li fè yo konnen se pou yo asepte sa tankou eprèv Bondye. Li di ya gen pou soufri anpil afliksyon, e l' di sa va sèvi pou egzaminen konfyans yo. Li fè yo sonje pa gen okenn rekonpans si soufrans yo a pa merite l'. Li ajoute pita, «Ki lwanj ki gen nan sa si nou sipòte lè y'ap maltrete nou pou sa nou fè ki mal? Men, si lè nou fè byen nou fè a, sa se yon bèl bagay devan Bondye» (I Pyè 2:20). An reyalite nou dwe tann soufrans la, «Se pou sa menm Bondye te rele nou, paske Kris la te soufri pou nou. Li kite yon egzanp pou nou swiv pye pou pye» (I Pyè 2:21). Yon kretyen pa dwe pè soufri, osinon anvan tout bagay li dwe rejwi nan soufrans. «Okontrè, fè kè n' kontan. Paske, menm jan nou patisipe nan soufrans Kris yo, konsa tou na kontan nèt ale lè gwo pouvwa Kris la va parèt. (I Pyè 4:13)

Lè nou rive nan mitan lèt sa a, nou ka wè li sanble yon seksyon kote Pyè egzòte oditè yo pou yo obeyi nan pozisyon kote Bondye te mete yo a. Konsa nou konnen, yo se vwayajè e peleren ki pa gen kay nan monn sa a, men nan monn k'ap vini an, yo dwe viv nan obeyisans e nan soumisyon anba moun Bondye mete kòm otorite yo. Nan tan sa, moun yo te konn fè rebèl kont otorite yo tou, y'ap defann dwa yo pou yo fè sa yo vle. Pyè mande lektè l' yo pou yo obeyi lalwa lèzòm. Li mande domestik yo pou yo obeyi mèt yo, li mande fanm yo pou yo soumèt devan mari yo, e li mande mari yo pou yo viv byen an amoni avèk madanm yo. Men jan li fini an, «Pou fini, nou tout dwe dakò yonn ak lòt, se pou nou gen menm santiman yonn pou lòt. Se pou nou yonn renmen lòt tankou frè ak sè, se pou nou gen bon kè, san lògèy. Pa rann mal pou mal, jouman pou jouman. Okontrè lè konsa, mande benediksyon pou yo, paske se benediksyon Bondye te pwomèt pou l' ban nou lè l' te rele nou (I Pyè 3:8-9). Kretyen yo toujou dwe toujou sèvi kòm egzanp devan lemonn, pou konpli devwa Bondye te ba yo fè a.

II Pyè

Nan II Pyè 1 nou jwenn temwayaj Pyè sou verite ak otorite pawòl Bondye a. Li fè lektè l' yo sonje ke sa y'ap di nan levanjil la se istwa sou sak pase. Li menm ak lòt apòt yo, pa t'ap swiv «fables atifisyèl yo» lè l' preche levanjil la. Yo t'ap temwaye sa yo te wè e tande.

Ni yo pat vini ak yon mesaj chak moun te kapab entèprete l' nan jan pa yo. Pyè te ensiste di «Men, anvan tout bagay, se pou nou konn sa byen: pèsonn pa gen dwa pran mesaj nan liv la pou li ba li sans li vle» (2 Pyè 1:20). Li vle di la a, ke yo pa dwe entèprete okenn pati nan lekriti Bondye te bay sen yo (vèsè 3). Petèt li ka gen sans pou kont li, epi tou se avèk lekriti a yo ta dwe konpare lekriti a, pou yo kapab dekouvri laverite ki gen ladan l' nan. Rezon sa a se «Paske pwofèt yo pat janm bay mesaj paske yo menm yo te vle. Okontrè, se Sentespri a ki pouse yo lè yo t'ap bay mesaj ki soti nan Bondye a» (1:21). Ekriti a dwe etidye pou kont li nèt ale, paske se pa mesaj lèzòm li ye, sinon mesaj Bondye.

Pyè pale sou yon pwoblèm nan dènye chapit lèt li a lektè l' yo t'ap konfwonte. Te gen mokè ki te refize mesaj kretyen yo, kote nou wè sa pi plis, se te espesyalman sou ansèyman Kris ap vini pou jije moun k'ap viv e moun ki mouri. Pyè te bay moun mokè sa yo yon bèl repons. Moun sa yo tap di tout bagay te toujou rete menm jan yo ye. Li di yo deside inyore inondasyon ki te detwi latè a. Mokè yo te di kòm pat gen anyen ki te rive, pa gen anyen ki pral pase nonplis; li di yo konnen se pa anyen ki fè jijman an poko rive, sinon se paske Bondye gen anpil pasyans toujou, li pat pote jijman an jouk tan tout pèp li a pa tounen vin jwnen ni nan konfyans nan Kris. Alò, Pyè di gen yon jijman espektak k'ap vini avèk dife. Se jijman sa a ka netwaye tout linivè a anba peche, epi Bondye va tabli yon nouvo syèl ak yon nouvèl tè, kote se lajistis sèlman ki va la. Eske laverite sa a sou fiti a va gen kèk efè sou nou? Nou ka di, wi san dout, «Si tout bagay gen pou disparèt konsa, nou pa bezwen mande ki kalite moun nou dwe ye: Se pou nou sèvi Bondye, se pou nou viv pou li ase. Konsa, pandan n'ap tann jou Bondye a, jou ki gen pou rive a, ann fè sa nou kapab pou nou fè l' rive pi vit toujou. Jou sa a, Syèl la pral disparèt nan gwo flanm di fè. Tout bagay pral fonn nan dife» (2 Pyè 3:11-12).

Jid

Liv Jid la prezante nou yon bèl pwoblèm. Si ou li dezyèm chapit 2 Pyè a, e apre li liv Jid la, ou ka wè yo gen yon resanblans an komen. Yo toulede gen menm mesaj epitou yo itilize menm ilistrasyon, kwak Jid ajoute kèk lòt ilistraksyon nan sa yo jwenn nan 2 Pyè 2. Resanblans sa a ant de chapit yo fè nou fè kèk keksyon.

Eske yonn nan ekriven yo te kopye sou lòt? Si se konsa, kilès nan yo ki te ekri an premyè? Li sanble se Pyè pwobableman ki te enfliyanse sou Jid. Li di «Zanmi m' yo, mwen pat manke anvi ekri nou pou m' pale nou jan Bondye delivre nou tout ansanm. Men m'oblije ekri nou kounye a pou m' kapab ankouraje nou, pou nou pran defans lafwa Bondye te bay la, obligasyon sa a pou ekri yo a apre ou li dezyèm lèt Pyè a, kote ou ka konprann pwoblèm Pyè t'ap pale a se menm pwoblèm sa ki te rive moun Jid te panse ekri yo tou.

Men Jid pat kanpe sou kopye sèlman sa Pyè te deja ekri. Li te itilize pwòp konesans li te gen sou Ansyen Testaman an, epi li bay avètisman sou avètisman li jwenn nan li. Li fè konparezon fo mèt yo avèk zanj yo ki pa pwoteje demè yo; li fè konparezon yo tankou Sodòm ak Gomò, Kayen, Balaam, ak Kore. Li itilize kèk konparezon tou li pran nan nati a. Li egzòte moun k'ap koute l' yo pou yo defann yo devan fo mèt yo, pou yo pa koute yo. Gen kèk fwa lè sa yo ki renmen levanjil la dwe kanpe pou akize erè moun yo k'ap pote fo ansèyman an. Se nan entansyon sa a Jid te ekri lèt li a.

KEKSYON SOU ETID LA

1. Bay yon esplikasyon sou kilès moun ki te ekri lèt sa yo.
2. Kilè e kilès ki te ekri lèt sa yo?
3. Ki entansyon yo chak genyen nan yo?
4. Kisa Pyè te montre sou soufrans? (1:3 a kontinye; 4:1 a kontinye e 4:12 a kontinye).
5. Fè yon lis sou dis kòmandman yo pou lavi kretyèn, nou jwenn nan liv I Pyè a.
6. Kisa dezyèm liv Pyè a anseye sou pawòl Bondye a? (1:16 a kontinye).
7. Kòman Pyè reponn moun ki te moke doktrin sou jou Senyè a ap vini an? (2 Pyè 3)
8. Kisa retou Senyè a ap pote avè l'?
9. Kòman ou ka esplike resanblans ki genyen ant 2 Pyè 2 ak Jid?
10. Ki egzanp Jid bay kòm avètisman kont fo mèt yo?

POU ETID SIPLEMANTE

1. Kisa ou ta fè si ou gade ou wè gouvènman nou an kòmanse ap pèsekite legliz la, o si kòminis yo ta pran pouvwa a?

2. Fè yon disètasyon sou kòman lavi kotidyen an rann nou afekte akòz opinyon nou bay sou dènye jou jijman an. Ou ka bay kèk egzanp pratik.

CHAPIT 35

VIV ANSANM YONN AK LOT

Li 1,2 ak 3 Jan

KEKSYON POU PREPARASYON

1. Kisa ki baz istorik lèt sa yo?
2. Kòman nou kapab gen asirans sou lavi ki pap janm fini an?
3. Ki règ nou jwenn sou resevwa moun ki vin lakay nou?

ENTWODIKSYON

Nou te deja wè nan etid nou an kèk erè, ki te pase nan legliz primitiv la, ki t'ap amenase baz fondamantal lafwa kretyèn nan. Twa ti lèt sa yo, yo konte pami dènyè lèt biblik yo te ekri yo, kote yo mete aksan ankò sou enpòtans ki genyen pou nou kenbe laverite a fèm. Lè nou mache selon laverite, nou kapab mache ansanm ak Bondye e tout Pitit Bondye yo.

1. Moun ki ekri a

Yo pa idantifye moun ki ekri a nan okenn nan lèt sa yo. Sepandan, nou gen fèm asirans se Jan ki te ekri yo, apòt Jezi te renmen anpil la, se li ki te dire plis tan pase tout lòt apòt yo. Lèt sa yo gen relasyon ak katryèm levanjil la, dapre vokabilè li itilize nan li, e pou estil fason li ekri a, e pou konteni a. Ou ka wè resanblans la plis nan I Jan, kote moun ki ekri a fè kèk aplikasyon pratik lide yo ki mansyone nan levangil Jan an.

2. Dat Ak Moun Li Ekri Yo

Twa lèt Jan yo te ekri pwobableman anviwon lane 85 e 90 d.K (apre Kris). Nou pa konnen pou kilès li te ekri yo. Sepandan, nou konnen paske Efèz se te sant misyon Jan an pandan dènye lane nan lavi li, se byen posib li te voye lèt sa yo bay kèk legliz nan Lazi Minè. Gen moun ki di kòm 2 e 3 Jan, se lèt kout yo ye, li te voye yo ansanm avèk 1 Jan. Yo panse «madanm li chwazi a», ki mansyone nan 2 Jan an, se nan legliz sa a li te voye lèt la ale, epi Gayis, se li menm ki siyale kòm destinatè twazyèm lèt la, se li menm ki te pastè legliz sa a. Si se konsa li ye, tout lèt sa yo dwe ekri nan menm dat plis omwens, epi voye yo menm kote.

3. Entansyon An

Jan menm li esplike nou ki entansyon li lè l' ekri premyè lèt la, «M'ap ekri nou lèt sa a, nou menm ki kwè nan Pitit Bondye a, pou nou ka konnen nou gen lavi ki pap janm fini an» (5:13)

1. Li te vle pou kretyen yo te gen asirans sou delivrans yo nan Jezikri.
2. Jan bay «mache nan laverite a» anpil enpòtans. Li te ekri ke se yon erè pou resevwa moun yo k'ap mache preche fo doktrin yo.
3. Liv Jan an te ekri avèk yon entansyon pou ankouraje Gayis nan fason pou l' resevwa predikatè k'ap mache preche yo, epi pou fini aktitid Dyotrèf k'ap opoze koute bon doktrin nan, li menm ki t'ap aji tankou yon diktatè, ki refize asepte predikatè vizitè yo epi ki t'ap mete tout moun ki te resevwa yo an disiplin.

4. Plan (Desen an)

(Nou pa bay plan pou ni 2 Jan. ni pou 3 Jan.)

5. Sa Li Gen Ladann (Konteni A)

Nou kapab konprann mesaj nan I Jan an, si nou konsidere kèk pawòl ki gen enpòtans Jan te itilize anpil fwa nan lèt sa a.

«Lavi A»

Jan kòmanse lèt li a l'ap pale sou lavi ki te manifeste a, sila li menm ak lòt apòt yo te viv la e yo te konstate a, epi nan sa yo tout te bay temwayaj. Lavi sa a, antouka, se Senyè Jezikri, Bondye te manifeste nan lachè «Moun ki gen Pitit la, li gen lavi sa a tou. Men, moun ki pa gen Pitit Bondye a, yo pa gen lavi sa a non plis» (5:12). Se nan Kris la, Jan li menm tankou lòt disip yo viv ansanm avèk Bondye, e yonn viv ansanm avèk lòt. Jan envite lektè l' yo, pou yo antre nan kominyon sa a.

«Limyè A»

«Bondye se limyè. Pa gen fènwa nan Bondye» (1:5). Lè Jan fè deskripsyon Bondye konsa, se pawòl «limyè» a l'ap itilize pou reprezante tout sa ki sen e ki bon; nan yon lòt sans, mo «fènwa» a reprezante tou sa ki mal. Bondye sen konplètman. Pa gen mechanste nan li ditou, konsa li pa kapab pèmèt mechanste nan okenn sans. Men sepandan, nou menm wi, se mechan nou ye. Poutèt nati pechrès nou an, nou pa kapab mache nan limyè jan nou ta dwe. Alò, li nesesè pou nou rekonèt peche nou yo e pou nou vin lib anba yo. «Men, si nou rekonèt devan Bondye nou fè peche, nou mèt gen konfyans nan li. Paske l'ap fè sak gen pou fèt la: la padonnen tout peche nou yo, la netwaye nou anba sa ki mal» (1:9).

Kwak Bondye padonnen tout peche nou yo selon volonte li, gremesi Kris; sa pa vle di nou dwe kontinye fè peche pou sa. Nou dwe mache nan limyè menm jan Kris li menm li nan limyè a. E kisa sa vle di menm, mache nan limyè? Moun k'ap mache nan limyè renmen frè li, paske «Men moun ki rayi frè yo, yo nan fènwa toujou. Y'ap mache nan fènwa, yo pa konnen kote yo prale, paske fènwa a rann li avèg» (2:11). «Renmen frè ou» se dezyèm gran kòmannman Bondye te ban nou. Nou pap kapab mache nan limyè si lavi nou gen anpil rayisab pou moun ki tankou nou yo.

Dezyèm karaktè moun ki mache nan limyè a, se moun ki pa renmen monn nan. «Pa renmen lemonn, ni anyen ki soti nan lemonn. Si yon moun renmen lemonn, li pa gen renmen pou Papa a nan kè li. Bagay ki soti nan lemonn se egzijans la chè, se gwo tanta, se lògèy k'ap vire tèt moun lè yo gen anpil byen sou latè. Tout sa pa soti nan Papa a. Se nan lemonn li soti» (2:15-16).

«Verite A»

Nan moman lè Jan te ekri lèt sa a, te gen anpil fo mèt ki t'ap fè kretyen yo chanje direksyon. Alò, Jan li menm, li te fè konnen li nesesè pou rete nan verite yo jwenn nan Kris la. Li fè yo konnen klè. «Kilès k'ap bay manti la a? Se moun ki di Jezi pa Kris la. Moun sa a, se goumen l'ap goumen ak Kris la. Li voye ni Papa a ni Pitit la jete» (2:22). Pesonn pa gen dwa rele tèt li kretyen si li pa asepte Jezi kòm Pitit Bondye, Kris Bondye te voye nan lachè a pou vin mouri pou sove pechè yo. Se moun ki konfese Kris la se yonn avèk Bondye, Papa a, e ki resevwa benediksyon Papa a bay moun ki pitit li yo.

Yonn nan doktrin yo Jan defann nan lèt sa a, se imilite Kris la. Kèk moun t'ap montre li pat janm rive yon nonm tout bon vre. Yo te kwè tou sa ki fizik pa bon; konsa Bondye pat kapab pran fòm yon kò. Jezi Nazarèt la pat plis pase yon revenan. Men, Jan te konprann byen li te trè enpòtan pou lèzòm kwè Jezikri se te Pitit Bondye, Kris la li te voye nan monn nan. Epi tou li te konnen enpòtans ki genyen pou fè lèzòm rekonèt Jezi kòm moun ki vini nan lachè. Se sèlman lè li Bondye e lòm an menm tan an, se konsa Jezi te kapab sove nou anba peche. Se pou sa Jan di, «Men ki jan nou ka konnen si yon lespri soti nan Bondye: tout moun ki di Jezikri te yon moun tout bon, se moun ki gen lespri ki soti nan Bondye a. Men, si yon moun refize rekonèt Jezi te yon moun tout bon, moun sa a pa gen lespri ki soti nan Bondye a. Lespri li genyen an soti nan moun k'ap goumen ak Kris la te gen pou l' vin. Enben, kounye a li deja nan lemonn» (4:2-3).

«Renmen An»

Yonn nan pi gwo verite yo Jan te bay plis enpòtans nan lèt sa a, se renmen Bondye, ak efè li fè nan lavi moun ki pitit li yo. Se paske Bondye renmen nou, ki fè l' rele nou pitit li. Menm si nou pa gen yon konesans pafèt sou tou sa sa ta vle di, men nou konnen yon jou na vin tankou Kris, paske na va wè li jan li ye a. E renmen Bondye a, ki fè nou pitit li a, se sa ki fè nou viv nan obeyisans kòmandman l' yo. Nou dwe manifeste renmen nou gen pou Bondye a, lè nou renmen frè nou yo. «Nou menm, nou konnen nou soti nan lanmò nou antre nan lavi. Nou konn sa, paske nou renmen frè nou yo. Moun ki pa renmen frè l', li mouri» (3:14). Nou dwe renmen yon frè san nou pa chache konnen si l' se moun ki saj o non. Konsa se renmen Bondye a n'ap swiv, li menm ki montre jan li renmen nou. Li te voye Pitit li a sou latè pou l' te ka ban nou lavi, kwak nou se pechè. Lè nou renmen moun ki sanble avèk nou, nou kapab gen asirans se pitit Bondye nou ye tout bon. «Si yon moun di: mwen renmen Bondye, pou anmenm tan pou l' rayi frè l', moun sa a ap bay manti. Paske si li pa renmen frè l', yon moun li ka wè, li pa ka renmen Bondye li pa ka wè a. Se sak fè, men kòmandman Kris la ban nou: Moun ki renmen Bondye yo fèt pou renmen frè yo tou» (4:20-21).

6. II ak III Jan

De lèt kout sa yo pale sou tèm jan pou resevwa kretyen an. Nan lèt I Jan an, li avèti sou danje ki gen nan resevwa moun k'ap preche fo doktrin yo. Nan epòk Jan an te gen anpil moun ki te predikatè anbilan, ki t'ap mache sot nan yon legliz al nan lòt legliz, moun sa yo se kretyen yo ki te ba yo manje e kote pou fè desant. Alò te gen pami yo moun ki t'ap preche levanjil la fidèlman; konsa tou te gen kèk lòt ki t'ap preche fo doktrin. Jan te avèti moun li voye lèt la bay yo pou yo pa ede erè a gaye plis, pa bay moun sa yo ki pap preche Kris kòm Sovè a fè desant lakay yo.

Nan yon lòt kote, nan 3 Jan, li felisite Gayis poutèt li resevwa moun. Kwak nou dwe fè atansyon pou n' pa ede erè moun k'ap preche fo doktrin yo gaye plis, sepandan nou dwe montre nou jalou pou verite a ale devan, e resevwa moun yo k'ap preche levanjil la fidèlman fè desant lakay nou. Jan te dwe reprann yon nonm yo te rele Dyotrèf. Paske li pat vle yo resevwa predikatè yo, e li te vle mete tout moun ki te resevwa yo an disiplin. Avrè di se te yon gwo traka lè kèk moun nan legliz Jezikri a vle itilize otorite yo o enfliyans li pou mete pwòp lide pa yo pase pou bay kòz Kris la fòs.

KEKSYON SOU ETID LA

1. Kòman nou fè konnen kilès ki te lotè lèt sa yo?
2. Kilè yo te ekri lèt sa yo e kilès ki te ekri yo?
3. Poukisa yo te ekri lèt sa yo?
4. Kisa baz fondamantal nan liv ansanm kretyèn nan? (I Jan 1)
5. Ki atitid kretyen an dwe genyen anvè peche a? (I Jan 2)
6. Kisa ki nesesè pou tout kretyen kwè? (I Jan 2:18 +)
7. Poukisa rayisab la detwi konfyans kretyèn nan?
   (I Jan 3:11 a kontinye)
8. Kòman nou dwe sonde lespri yo? (I Jan 4)
9. Poukisa renmen an tèlman enpòtans konsa? (I Jan 4)
10. Kisa sa II Jan montre?
11. Kisa sa III Jan montre?

POU ETID SIPLEMANTE

1. Eksplike kisa renmen kretyen an ye, e kòman li ede nou pou nou ka sèten sou delivrans nou.
2. Kisa resevwa kretyen an mande nou, e ki opòtinite li ban nou?

CHAPIT 36

ALFA E OMEGA

Li Revelasyon

KEKSYON POU PREPARASYON

1. Kisa ki baz istorik Revelasyon an, e entansyon li?
2. Kòman yo entèprete liv Revelasyon an?
3. Kisa liv Revelasyon an montre nou.

ENTWODIKSYON

Liv Revelasyon an trè diferan ak lòt liv Nouvo Testaman yo, paske mesaj li se an senbòl e an vizyon yo prezante, se poutèt sa tou li difisil pou entèprete l'. Moun ki vle entèprete liv sa a yo toujou rive nan konklizyon trè diferant. Men se pa paske li difisil pou konprann nou dwe inyore liv sa a pou sa; donk anreyalite li gen yon mesaj pou chak kretyen ladann.

1. Dat Ak Moun Li Ekri Yo

Liv sa te ekri anviwon lane 90 ak 96 y d. K. (apre Kris) lè anperè Domisyen t'ap pèsekite legliz la. Apòt Jan te deja sèvi kòm minis nan legliz Efèz la. Depi la a yo te depòte l' nan zile Patmòs la. Etan Jan te Patmòs konsa, Bondye te ba li yon revelasyon sou Senyè Jezikri, se sa menm li ekri nan liv sa a. Jan te voye l' nan sèt legliz Lazi yo ki mansyone nan premyè chapit yo.

2. Entansyon An

Liv Revelsayon an te ekri avèk entansyon pou konsole pèp Bondye a ki te anba pèsekisyon, pou fè yo sonje Bondye t'ap kontwole tout bagay; li t'ap pwoteje pèp li a; e lè istwa a va fini, Senyè Jezikri va konplete viktwa li sou Satan ak sou fòs lamè l' yo.

3. Plan (Desen An)

4. Entèpretasyon Yo

Entèpretasyon moun ki etidye liv Revelsyon an avèk anpil swen yo bay sou li, nou kapab klasifye nan kat gwoup:

a) Opinyon *pase a* di ke liv Revelasyon an gen relasyon sèlman avèk evennman nan epòk lè Jan te ekri l' la. Selon opinyon sa a, liv la pa gen anyen pou l' wè sou tan prezan kounye a, ni sou sa k'ap vini an.

b) Opinyon *istorik* la fè konprann liv Revelasyon an bay yon rezime pou fè nou konnen, tout istwa legliz Jezikri a, depi sou premyè lè Kris te sou tè a, jouk li va gen pou retounen dezyèm fwa an. Selon opinyon sa a, kèk senbòl nan liv la yo deja gen tan pase nan gwo evennman yo nan istwa a.

c) Opinyon moun ki pale *sou tan kap vini an* di liv Revelasyon an esplike nou sak va rive nan moman lè Kris va retounen dezyèm fwa, Senyè nou an. Anpil moun panse nan tan kap vini an, yo kwè tou sèt legliz yo reprezante sèt peryòd istwa legliz la, soti depi lè Kris te vini premye fwa a jouk lè l' va retounen dezyèm fwa ankò.

d) Opinyon *ideyalis* la afime senbòl yo ki nan liv Revelasyon an yo bay referans prensip fondamantal yo ki kapab manifeste plizyè fwa nan istwa legliz la. Tèm ki pi gran nan liv la, dapre yo, se viktwa Bondye ak sa ki byen, sou Satan ak sa ki mal.

Lè nou entèprete liv Revelasyon an, nou dwe sonje sa, li gen anpil senbòl ladann. Nou pa dwe pran tout senbòl yo nan yon fason literal. Nou dwe poze keksyon, ki entansyon ki gen lè yo itilize tèl o tèl senbòl? Pa egzanp, istwa sou kèk batay nan liv la ki pale sou chwal yo ak kavalye yo. Sa pa vle di ke batay sa yo (sipoze se nan tan k'ap vini yo pral fèt) ni batay la se yon batay tankou nan tan lontan. Jan senpleman itilize vokabilè tan pa l' la, pou esplike lide lagè a ak jijman an. Se konsa menm, chif nimewo ki nan liv Revelsayon yo pa nesesè pou yo pran yo nan yon fason literè. Paske anpil fwa se simbòl yo ye e yo itilize yo pou transmèt yon ansèyman pi byen, pase pou bay detay espesifik.

Senbòl nan liv Revelasyon an nou jwenn orijin yo nan lòt liv yo nan Labib. Anpil fwa nou kapab konprann sa yon senbòl vle di, si nou konnen kòman senbòl sa te anplwaye nan Ansyen Testaman, o kòman Kris o kèk nan apòt yo te anplwaye l'. Pa egzanp, mouton an nan (Revelasyon 5) fè nou sonje pawòl mesaj Jan Batis yo (Jan 1:20 ak Ezayi 53:7). Nan fason sa a liv Revelasyon an ban nou yon prèv definitif ke pawòl Bondye a se yon sèl li ye; e mesaj li a se menm bagay nan tou Labib.

Li va pi fasil pou nou konprann liv Revelasyon an, si nou ta prann l' tankou yon fim sinema, nan sa yo prezante nou jan Bondye travay pou pwoteje pèp li a e pou afime kòz Kris la. Dòktè Wiliam Hendriksen, nan entèpretasyon li fè sou liv la, li di yo chak na sèt gwoup divizyon yo (gade plan an) prezante yon rezime istwa legliz la depi premye fwa lè Kris te vini an jouk dezyèm fwa lè Kris va retounen ankò. Nan twa premyè divizyon yo, li anvizaje sou legliz lemonn ap pèsekite a. Nan kat denyè divizyon yo gen fòs sou gwo batay espirityèl ki te dèyè lit la, lemonn kont legliz la. Isit la nou wè Satan ak tout move zanj li yo kont Kris. Selon Dòktè Hendriksen, moun ki ekri liv Revelasyon an tounen mennen nou, chak fwa, nan menm peryòd la. Li di Jan pran tout istwa legliz la, premyèman depi nan yon opinyon, apre yon lòt, pou fè nou konprann pafètman byen dispit ki te egziste ant move zanj yo ak bon zanj Kris yo ak pèp li a, konsa tou avèk entansyon pou nou kapab rive konplètman sèten sou dènye viktwa Kris la va genyen an.

5. Sa li gen ladann (Konteni a)

Legliz la e Monn nan

Nan kòmansman liv Revelasyon an, Jan resevwa yon vizyon sou Kris ki kanpe nan mitan sèt gwo lanp yo, ki reprezante sèt legliz Lazi yo. Kris te nan mitan yo, e li pase Jan lòd pou l' voye yon lèt nan chak legliz sa yo. Nan lèt sa yo, Kris te felisite legliz yo pou byen fè li yo, e li te kondannen yo pou peche yo ak echèk yo. Li ba yo konsèy pou yo fè atansyon sou lavi yo e pou konsève temwayaj yo, pou yo kapab patisipe nan Benediksyon li a. Legliz sa yo ki nan Lazi a, se byen posib yo reprezante diferant kondisyon legliz Kris yo tou pandan tout tan. Si nou li lèt sa yo avèk anpil prekosyon, na jwenn kèk kote ki gen deskripsyon menm legliz nan tan jodia. Konsa, nou kapab pran pawòl Kris te voye bay sèt legliz yo, epi aplike yo nan legliz pa nou yo tou.

Apre vizyon sèt lanp yo Jan te transpòte jouk nan syèl nan vizyon an, kote li te wè linivè a tankou nan panse syèl la. Bondye se sant tout bagay e tout bagay se pou li yo ye. Mouton an, ki se Senyè Jezi a, parèt devan Bondye. Li fè sa nenpòt moun pat ka fè: li louvri liv ki gen sèt so yo. Lè l' louvri so sa yo, gen anpil gwo bagay ki te pase. Evennman yo montre Kris pèmèt yo pèsekite legliz la, men apre sa li pote yon jijman sou moun ki pèsekite l' la. Li pèmèt yo pèsekite pèp li a, pou l' kapab netwaye l' e fòtifye l'.

Apre sèt sele yo, te gen sèt klewon ki pote jijman Bondye yo pou tout moun. Nan moman jijman sa yo, Jan resevwa plizyè vizyon. Li manje yon liv ki te dous nan bouch, men anmè nan lestomak. Li mezire tanp Bondye a. Li wè de temwen ki mouri, men yo leve vivan ankò. Vizyon sa yo sanble yo reprezante legliz ki nan mitan jijman yo. Liv ki gen gou dous e anmè a, reprezante mesaj legliz la dwe pwoklame devan pèp yo, nasyon yo ak wa yo. Legliz ki reprezante tanp Bondye a, se yon legliz apa, ki separe ak lòt moun ki antoure l' yo, tankou sa vle di se moun ki fidèl ak Bondye yo ki va gen pwoteksyon nan mitan jijman an. De temwen yo pwobableman reprezante travay legliz la pou evanjelize monn nan. Menm jan tankou temwen ki mouri yo, epi ki leve vivan pita, yo pral pèsekite legliz la tou nan travay misyonè li, men Bondye va leve li ankò.

Kris ak Satan

Dènye pati nan liv Revelasyon an kòmanse avèk yon tablo Kris k'ap antre nan monn nan. Nan moman Kris te fèt nan yon fanm nan (ki reprezante legliz la) dragon an, Satan, te la, touprèt pou touye Pitit la. Enemitye Satan genyen avèk Kris la te prezante byen klè. Men Satan li menm pat kapab touye Kris. Yo jete Satan sou latè, kote l'ap fè lagè kont legliz la.

Lit sa a Satan ap mennen kont Kris ak legliz li a, li gen kèk travayè etranj pou ede l' fè sa. Li Gen yon bèt k'ap soti nan lanmè a, k'ap vin goumen kont pitit Bondye yo, epi ya ba li otorite sou tout bagay. Gen yon lòt bèt k'ap fè anpil mèvèy, pou twonpe moun yo epi pou fè yo adore premye bèt la. Gen kèk fwa ya rele dezyèm bèt la, fo pwofèt. Anplis, la gen Babilòn, ak se jennès la. Bèt la, fo pwofèt la, Babilòn, ak jennès la, yo se senbòl yo ki sanble tout gouvènman ki kont Kris, tout relijyon ki kont Kris la, enkyete ak plèzi lemonn sa a ki fè moun ale lwen Kris la. Yo tout ap lite kont Kris la ak legliz li. E se yon bagay ki klè, yo tout se enstriman Satan yo ye.

Lè l'ap fè deskripsyon bèt la ak fo pwofèt la, vizyon Jan pase nan mòn Siyon an, sa vle di, syèl la. La a, li wè pèp Bondye a ap rejwi nan benediksyon divin yo, pandan tan sa a kòlè Bondye kòmanse tonbe sou tou sa ki te kont li yo.

Apre l' fin prezante e li fè deskripsyon travayè k'ap ède Satan yo, li fè kèk lòt vizyon ki montre destriksyon l'. Babilòn tonbe, e l' tonbe nan yon fason ki sonnen. Apre sa, Kris goumen kont bèt la ak fo pwofèt yo, e l' lage yo nan lanfè. Pou fini, Satan li menm kraze.

Apre l' fin kraze Satan ak sèvite li yo, sa ban nou yon vizyon sou nouvo syèl la ak nouvèl tè a. «Apre sa, mwen wè lavil Bondye a, lòt Jerizalèm nèf la, ki t'ap desann soti bò kot Bondye ye nan syèl la. Li te byen abiye, li te pare tankou yon lamarye ki pral kontre fyanse li. Mwen tande yon vwa ki t'ap soti bò kote fòtèy la, li t'ap di byen fò: Kounye a, kay Bondye a se nan mitan moun l'ap ye. L'ap rete nan mitan yo, lèzòm ap yon pèp pou li. Se Bondye k'ap viv avèk yo, li va Bondye pou yo. Pap gen lanmò ankò, yo pap nan lapenn ankò, yo pap janm plenyen ankò, yo pap janm soufri ankò. Tout vye bagay sal yo pral disparèt. Lè sa a, moun ki te chita sou fòtèy la di: Kounye a, mwen fè tout bagay vin nèf. Apre sa li di mwen: Ou mèt ekri sa, paske pawòl mwen se pawòl ki vre, pawòl tout moun dwe kwè» (21:2-5). Tout sa ki fè pati pèp Bondye a reyini nan lòt Jerizalèm nèf la; yo adore Bondye ak Mouton la. Se la yo pral jwi tout benediksyon Kris achte pou yo, konsa tou yo va konpli entansyon an pou sa yo Bondye te kreye yo: Pou fè lwanj pou Bondye e rejwi ak li pou tout tan.

KEKSYON SOU ETID LA

1. Kilè, ki kote, e pou kilès moun liv Revelasyon an te ekri?
2. Kisa ki entansyon liv Revelasyon an?
3. Esplike nan yon fason kout, kat sans pou entèprete liv sa a:
   A.   B.   C.   D.
4. Kòman nou dwe konsidere senbòl Revelasyon yo pou entèprete l'?
5. Fè yon lis sou sèt legliz Lazi yo, epi di tou sa Kris te apwouve e tou sa li te kondannen nan yo chak:

   Legliz: Sa li apwouve: Sa li kondannen:
   1.
   2.
   3.
   4.
   5.
   6
   7.
6. Pouki sa se Mouton an ki te gen dwa pou louvri liv la?Rev.5
7. Kisa evennman lè yo louvri set so yo reprezante?
8. Kisa ki reprezante pou: a) ti liv la? b) mezi tanp lan? c) de temwen yo?
9. Kisa Satan te tante fè? (Revelasyon 12).
10. Ki sèvitè Satan genyen pou ede li? (Revelasyon 13).
11. Kòman fo pwofèt yo ak bèt la te kraze? (Revelasyon 19).
12. Kisa ki rive Satan nan Revelasyon 20?
13. Ki karaktè ki pi enpòtan nan lòt Jerizalèm nèf la? (Rev. 21).

POU ETID SIPLEMANTE

1. Fè yon relasyon ak enteprete yonn nan vizyon swivan yo: sèt sele yo (Revelasyon 6:1-8), sèt klewon yo (Revelasyon 8:6-9:21); 11:15-19); sèt gode yo (Revelasyon 16.

2. Ekri yon mesaj sou plizyè entèpretasyon sou mil lane yo, nan Revelasyon 20.

3. Kòman ou ta itilize liv Revelasyon an pou ankouraje yon nouvo kwayan ki anba pèsekitsyon fòs?